CINNAMON SOCIETY
Zimt und Poesie - Gedankenmalerei

AF282159

CINNAMON SOCIETY

ZIMT UND POESIE

GEDANKENMALEREI

SPENDENAKTION

Bibliografische Information der Deutschen Nationalbibliothek:
Die Deutsche Nationalbibliothek verzeichnet diese Publikation
in der Deutschen Nationalbibliografie; detaillierte bibliografi-
sche Daten sind im Internet über http://dnb.dnb.de abrufbar.

1. Auflage 2025
Dieser Titel ist auch als E-Book erschienen.
© 2025 Cinnamon Society

Gründerinnen: A.S. Schoepf, L.A. Pichler

Illustrationen:
Elci J. Sagittarius | (@elmooarts),
Lena Zoe Dernai | (@_nspken_illustration_)
Svenja Tiefenthaler| (@mrstie_poetry)
Umschlaggestaltung:
Elci J. Sagittarius | (@elmooarts)
Satz:
Natalie Gille | www.nataliegille.de
Korrektorat:
Birgit Groß | https://gross-schreibung.de (@gross_schreibung)

Verlag: BoD · Books on Demand GmbH, Überseering 33,
22297 Hamburg, bod@bod.de
Druck: Libri Plureos GmbH, Friedensallee 273,
22763 Hamburg
ISBN: 978-3-7693-2549-2

PLAYLIST

Ends of Earth - Lord Huron
Amsterdam - Gregory Alan Isakov
Georgia - Vance Joy
Cherry Wine - Hozier
26 - Caamp
Ordinary - Alex Warren
Its OK -Tom Rosenthal
Hate Myself - NF
Im Feld - Isabelle Pabst
Niemals geht man so ganz - Trude Herr
A Little Bit Happy - TALK
Light & Easy - Bastian Baker

und mehr …

Hier
reinhören

INHALT

Playlist 5
Vorwort 11
Unsere Autor*innen 12
Über unser Spendenziel 13

Nein 15
Es ist okay 16
Schutzlos 17
Herz in Flammen 18
Was uns noch bleibt 19
Erwachen 20
Semikolon 21
tintenkleckse 23
Schatten an der Wand 24
Bevor du dich in mich verliebst 25
Die Last der Hoffnung 28
Make me 29
Liebeskummer .30
Spuren auf meiner Haut 31
Sturm in der Dunkelheit 32
Zigarette 34
Flügel 35
Vielleicht 36
gemeinsam alleine 37
Jedes Jahr aufs Neue 38
I've decided to forget you 39
ich sehe etwas, was du nicht siehst 40
Gefühlsblind 41
Ohne Dich 42
Auf Wiedersehen 43
Perfektionismus 44

Mein inneres Licht 46
Kalte Pizza zum Frühstück 47
Über Raum und Zeit 48
Von Steinen, Hüten und Sternen 50
Mein liebes ICH .52
Unsere Namen in den Sternen 54
Das Leben ist kostbar 55
Mit Dir, Mit Uns .56
Manchmal 64
to you, last woman standing 65
Nach vorn 66
Warten 68
Neumond 70
Seelenzart 71
Flammender Tanz .72
Im Schatten der Leere 73
All my poems are love poems 75
Angst vs. Mut 77
Tag am See 78
Echo vom 04. November 79
asymptotisch 80
Im Dunkel der Nacht 81
I think I'm in love 83
Morgensonne und Nebeldunst 84
Farbenspiel 85
Der Traum vom Fliegen 86
Flüchtiger Gedanke 87
Herbstgefühle 88
Es geht mir gut, oder nicht? 89
Wag den schritt .91
Sand in den Schuh'n 92
Meine allerliebste Mama 95
Das Meer der Erinnerungen 96
Sternenlicht 97
Grotesk 98
Unendlich 99
Bitte bleib 100

Erntezeit 101
Ein Engel 102
Meine Liebe, mein Leben 103
Words you'll never read 104
Ich mag Sommerregen! 105
Sehnsucht nach Glück 106
Mein Weg zur Erleuchtung 107
Pirat 109
Rücksitz Ausblicke 110
Sprung 111
In den Armen der Dunkelheit 112
roses and girls 113
Kleine Augen 114
When we 115
Beauty in a heartbeat 116
Geist 117
Schatz 118
Zauber des Augenblicks 119
Metaphor 120
Wie verbringen wir die Tage, die uns bleiben? 121
Stilles Brodeln 122
Ein Blick zurück 124
feuer des lebens 125
you 126
Kreislauf der Zeit 130
Tränen 132
Alleinsein 133
Schönheit der Monde 138
Stille 139
Bitte 140
Schmerz 141
Life flows like the sea 142
Morgen-Grauen 144
Ich bin ich 145
fort 146
Schönheit liegt im Auge des Betrachters 147
Ein Leben mit dir 148

Tanz in den Mai 149

Woher ich kam 150

Wanderndes Herz 151

Seh ich dich 152

traces 153

Teilen 154

Mein Licht 155

Hoffnung, Ungewissheit – Liebe? 156

Kein Nein 157

Hoffnung 158

Danksagung 161

Über die Cinnamon Society 163

Über die Gründerinnen 164

Du kannst nicht genug bekommen? 166

Projekte 167

VORWORT

Fröhliches Gedankenmalen!

Bevor wir zu den herzerfüllenden Texten kommen, ein paar kleine Informationen, die wir euch nicht vorenthalten möchten. Die ehrenamtlichen Mitglieder konnten im Namen der Cinnamon Society Autorengemeinschaft bereits über 8.000 € für wohltätige Zwecke in Österreich, Deutschland und der Schweiz spenden. Sie wurde im Oktober 2021 von A.S. Schoepf und L.A. Pichler ins Leben gerufen. Gemeinsam mit 33 weiteren Autorinnen und Autoren arbeiten sie seit einigen Monaten an diesem ganz besonderen Projekt »Zimt und Poesie – Gedankenmalerei«.

Gefunden haben sie sich durch die Liebe zum Schreiben und den Willen, etwas Gutes zu tun, um anderen eine Freude zu bereiten. So durfte jedes Mitglied unglaublich tolle Menschen kennenlernen, die bei dieser Aktion ehrenamtlich mitwirkten.

Wie bei allen Büchern der Cinnamon Society wird der Erlös gespendet. Dieses Mal geht alles an das Jungenbüro in Nürnberg.

»Zimt und Poesie - Gedankenmalerei« ermöglicht es uns, vielen Menschen ein Lächeln auf die Lippen zu zaubern.

Auch du hast mit dem Kauf dieses Buches dazu beigetragen!

Jetzt wünschen wir ganz viel Spaß beim Schmökern in unserem Poesiewerk und wundervolles Gedankenmalen.

Deine Cinnamon Society

UNSERE AUTOR*INNEN

L.A. Pichler
A.S. Schoepf
LZD
Mareike Verbücheln
A.V. Sinth
Alicia Perner
Claudia Wallner
Katharina Kanzan
Nadine Koch
Ulrike Asmussen
Nicole Franziska Horn
Julian Mitesch
Christoph Engels
Elci J. Sagittarius
Amanda Becker
Cansu Gökkaya
Steffi Lofeldt
Svenja Tiefenthaler

Giuseppe Alessio De Gregorio
Arjîn Isik
Ayleen Hammer
Kathrin Samar
Karolina Stauber
Thomas Neske
Julia Abel
Mia-Sophie Matzke
Julia S. Oltmanns
Georgie Ch. Sword
TinyAnn
Sandra Schmidberger
Laura Kister
Annika Steinke
Katja Cramer-Brandt
F.L. Palao
Piet Baar

ÜBER UNSER SPENDENZIEL

Keine Schwäche zeigen, sich beweisen, sich durchbeißen, ein echter Mann sein – in unserer Gesellschaft wachsen Jungen und männlich sozialisierte Jugendliche mit unrealistischen und ungesunden Erwartungen auf, wie sie zu sein haben. In Kombination mit den großen und kleinen Problemen des Lebens ergibt sich eine explosive Mischung, denn sich Hilfe zu holen scheint keine Option zu sein.

Zu lange wurden geschlechtsspezifische Beratungsangebote für Jungen und junge Männer vernachlässigt. Genau diese Lücke möchte das **Jungenbüro Nürnberg** füllen und bietet Unterstützung für Jungen an, die dabei die Herausforderungen des gesellschaftlichen Männlichkeitsbildes berücksichtigt. Ziel des Angebots ist es auch, realistische männliche Vorbilder zu zeigen, ohne dabei ein bestimmtes Jungen- oder Männerbild zu verfolgen.

Gerade männliche Opfer sexualisierter Gewalt werden oft übersehen und haben Schwierigkeiten, sich Hilfe zu holen. Auch hier unterstützt das Jungenbüro Nürnberg als Beratungsstelle.

Auf der anderen Seite hilft das JB auch gewaltausübenden Männern, einen Ausweg zu finden und gewaltfördernde Strukturen zu überwinden.

Um solche Fälle zu verhindern, ist das Jungenbüro auch in der Präventionsarbeit tätig und bietet Workshops und Fortbildungen an mit dem Ziel, das Aufwachsen frei von Geschlechterhierarchien und Erwartungsdruck selbstverständlich zu machen.

100 % des Erlöses dieses Buches werden an das Jungenbüro Nürnberg gespendet, um die Beratungsstelle zu unterstützen – danke dir an dieser Stelle, dass du mit deinem Kauf Jungen in schwierigen Situationen hilfst.

NEIN

A.S. Schoepf

Nein sagen
Nicht immer vom schlechten Gewissen jagen lassen
Meinen Wert sehen
Für mich einstehen
Den Weg meiner Gedanken gehen
Zu meinen Gedanken stehen
Frei sein
Die Flügel entfalten
Meine eigene Welt gestalten

ES IST OKAY

LZD

Es ist okay zu sagen
Ich kann das nicht
Ich hab das noch nie gemacht
Es ist okay anzufangen
Und schlecht darin zu sein
Der Weg ist das Ziel
Und ohne es zu versuchen
Können wir nicht anfangen zu lernen
Sich das bewusst zu machen
Und einen Schritt zurück zu machen
Abstand zwischen uns
Und unsere Erwartungen an Perfektion zu bringen
Bringt so viel mehr Frieden
Als ich gehofft hatte

SCHUTZLOS

Nadine Koch

Ich laufe.
Ohne Schild.
Keine Barriere,
die mich hält.
Es ist beängstigend,
nach Vorne zu gehen.
Aber nur wer sein Herz öffnet,
kann wahrhaftig sehen.
So zeige ich meine Seele,
gebe alles von mir Preis.
Schutzlos will ich sein,
damit man mich erreicht.
Echte Nähe kann entstehen,
wenn wir anfangen uns zu sehen.

HERZ IN FLAMMEN

Laura Kister

Und wenn dein Herz in Flammen steht,
der Schmerz durch jede Faser deines Körpers weht,
dann erinnere dich an mich
und an meine Liebe für dich.

WAS UNS NOCH BLEIBT

Cansu Gökkaya

Es gibt einen Ort, wo alles, was verloren ging, einfach bleibt.

Keine Ordnung, kein Trost. Nur Fragmente. Ein zerbrochenes Lächeln, ein verstaubter Traum, ein letzter Blick, der niemanden mehr trifft.

Die Zeit hat dort keine Bedeutung. Sekunden tropfen wie Regen, aber sie berühren nichts. Alles steht still, außer der Erinnerung, die sich wie ein Fluss durch den Kopf windet, ohne jemals anzukommen.

Manchmal frage ich mich, ob dieser Ort in mir liegt oder ich in ihm. Ob ich mich jemals wiederfinde oder nur weiter zersplittere unter dem Gewicht von allem, was ich nicht halten konnte.

Man sagt, Schmerz verblasst, aber das ist eine Lüge. Er wird leiser, ja, doch er bleibt. Wie ein stiller Begleiter, der in jeder Ecke lauert, in jedem stillen Moment.

Und vielleicht ist das das Traurigste: Dass wir lernen, mit ihm zu leben, uns an ihn zu gewöhnen, ihn als Teil von uns zu akzeptieren. Bis wir ihn eines Tages lieben, weil er das Einzige ist, was uns noch bleibt.

ERWACHEN

A.V. Sinth

Das Bild ist bunt,
die Szenerie ist laut
und dann nichts.
Schwärze.
Stille, unterbrochen von
seichten Noten.
Weiße Buchstaben, die
in Mustern und Schleifen
über den Bildschirm fliegen.
Ein Theater.
Ein Film.
Ein Kunststück.
Eine Welt aus
fremden und doch so vertrauten
Bildern, Gefühlen und Geräuschen.
Stunden und Minuten verfliegen,
entführen mich
in eine andere Welt.
Sie verschwindet,
war nie da
und ich muss aufwachen.
Weiterleben,
ohne das perfekte Leben, das ich dort
gesehen habe.
Zurück in ein Leben,
von dem ich nicht weiß
wie ich es leben soll.

SEMIKOLON

Alicia Perner

Da liegt es also nun, mein Leben,
wie ein aufgeschlagenes Buch.
Und wieder greife ich daneben,
beim letzten Umblätter-Versuch.

So ist die kaum beschriebene Seite,
mit so viel weiß und noch halb leer,
wohl die, auf der ich so lang bleibe,
als wenn sie vollgeschrieben wär'.

Denn was mich so sehr irritiert,
der Grund, wieso's nicht weitergeht,
ist, dass auf diesem Blatt Papier
zuletzt ein Semikolon steht.

Ein Zeichen, dass noch etwas kommt,
das letzte Wort noch offen ist,
ansonsten stünde da ein Punkt,
an dem man das Satzende misst.

Und so hält stets die Hoffnung an,
dass sich die Seite doch noch füllt
und ich hier noch verweilen kann,
weil sich noch so viel mehr enthüllt.

Denn wenn ich mit mir ehrlich bin,
dann will ich noch nicht weiterziehen
und so vielleicht noch mittendrin
dem eigenen Happy End entfliehen.

Also lass' ich es noch liegen,
mein aufgeschlagenes Lebensbuch.
Vielleicht werd' ich ja morgen siegen,
beim nächsten Umblätter-Versuch;

TINTENKLECKSE

Katharina Kanzan

ein paar liebevolle worte
schriebst du mir auf meine
wehende fahne; nach vielen
unwettern sind nur noch
tintenkleckse übrig und
erinnerungen tropfen auf
die gepflasterte straße.

SCHATTEN AN DER WAND

Steffi Lofeldt

Hatte dich sofort erkannt
Du warst ein Schatten an meiner Wand
Der Mond schien hell ins Zimmer rein
Plötzlich war ich nicht mehr allein

Hab dich still betrachtet
Mein Atem hat vollends pausiert
Bewegungslos war ich
Im Ganzen wie paralysiert

Manch einer sagt gar gruselig
Weil du mir so erschienen bist
Doch Glück ist in mir, weil
Dich zu treffen besonders ist

Gingst du doch von dieser Welt
Vor vielen, vielen Jahren
Durch deinen Verlust musste ich
Viel Leid und Schmerz erfahren

Nun so als Schattengestalt
Erhellst du mein ganzes Sein
Und wenn kein Mond zu sehen ist
Dann wart ich hier bei Kerzenschein

BEVOR DU DICH IN MICH VERLIEBST

Svenja Tiefenthaler

Bevor du dich in mich verliebst …
… solltest du dir sicher sein,
      dass du bereit bist,
          eine hohe, sorgfältig mit Mörtel zwischen
          schweren Steinen gebaute Mauer zu erklimmen,
          danach durch einen mit Salzwasser gefüllten
          Ozean zu schwimmen,
          über Hürden aus Angst und Verletzlichkeit zu
          klettern,
          in Diskussionen, um Richtig oder Falsch, gegen
          mich zu wettern,
          denn dein Ziel ist
          ein Ja, kein Nein.

Bevor du dich in mich verliebst …
… solltest du wissen,
          dass ich dich nicht brauche,
          nicht brauche für ein erfülltes Leben,
          aber für mein Herzbeben,
          für gemeinsames Schweigen,
          für Tanzen im Reigen,
          Arm in Arm umschlungen. Lausche
          mit deinem Ohr auf dem Kissen.

Bevor du dich in mich verliebst …
… solltest du zuhören,
      was mein Herz dir sagt.
      Vertrauen aufbauen, Kommunikation und
      Ehrlichkeit,
      Zeit mit dir, uns, Zeit zu zweit,
      Freiraum lassen und Abenteuer erleben,
      tanzen im Regenschauer,
      gemeinsam abbauen – die Mauer,
      die von vergangenen Erfahrungen klagt,
      denn sie will nicht mehr stören.

Bevor du dich in mich verliebst …
… solltest du mir tief in die Augen schauen,
      bis du die Nerven leuchten siehst.
      Ich bin nicht einfach, ich bin kompliziert.
      Ich bin sensibel, aber doch extrovertiert.
      Ich bin laut und leise, brauche manchmal
      Mut.
      Ich bin offen, auch still; ich kann jemand für
      dich sein, der dir guttut.
      Ich bin das Buch, das du liest.
      Ich bin Meister im Gedanken klauen.

Bevor du dich in mich verliebst …
… sei dir bewusst,
      dass ich die Reise wert bin.
      Lässt du dich auf mich ein, dann trägst du
      Verantwortung,
      genau wie ich, mit deinem Zutun,
      immer für dich da bin und mein Herz dir
      schenke,
      solange wir uns gegenseitig lenken,
      auf Wegen mit Sinn
      und mit Lust.

Bevor du dich in mich verliebst …
… mach dir klar,
        dass ich so bin, weil andere vor dir es nicht
        getan haben.
        Sich nicht bewusst machten, dass es hier um
        einen Menschen geht,
        der fühlt und weint und schreit und lebt,
        der viel Scheiß erlebt und mitgemacht hat,
        der wie ein Schotterweg, mal ruppig und stur,
        aber nie glatt,
        immer noch Schritt für Schritt nach vorne
        geht und wagen
        will; es ist wahr.

Bevor du dich in mich verliebst …
… siehe ein,
        dass lieben bedeutet, nicht mehr einsam zu
        sein.
        Lieben bedeutet, Kompromisse zu machen,
        sich aber selbst nicht aufzugeben, sondern
        gemeinsam zu lachen,
        zu reden, sich zu unterstützen,
        was nützen
        Vorwürfe und Verdruss,
        wenn du nicht weißt, wie man mich lieben
        muss.

DIE LAST DER HOFFNUNG

Cansu Gökkaya

Vielleicht habe ich der Hoffnung mehr zugemutet, als sie verkraften konnte.

Sie war wie ein Vogel auf dem Ast, der sich biegt, aber nicht bricht.

Ich habe ihr zu viele Worte gegeben, die schwer auf ihren Flügeln wogen.

Ich habe sie mit Erwartungen beladen, so schwer wie nasse Erde, und sie dabei übersehen, klein und zitternd in der Ecke, wo sie sich zurückgezogen hatte.

Vielleicht war sie nie dazu gemacht, so viel Last zu tragen.

Vielleicht sollte sie nur ein Funke sein, kein Leuchtturm. Nur ein Wind, kein Sturm.

Und jetzt, wo sie fehlt, steht der Raum still – die Luft ist leer, und ich suche nach einem neuen Atem.

MAKE ME

Amanda Becker

you don't make me
happy
you make me
feel lost
you make me
feel nothing at all

you don't make me

life is too precious
to spend it with you
who drags me down
makes me
feel unworthy

without you
I make it

LIEBESKUMMER

Steffi Lofeldt

Hab Liebeskummer
Kann mich kaum bewegen
Und aus meinen Augen
Laufen Tränen wie Regen

Hab Liebeskummer
Welch grausig Kulisse
Betrachte mit Angst mein Herz
Überall entstehen Risse

Hab Liebeskummer
Fühlt sich an wie Sterben
Spür wie mein Herz bricht
In Millionen kleine Scherben

SPUREN AUF MEINER HAUT

Ayleen Hammer

Ich trage Spuren auf meiner Haut,
dort versteckt, wo niemand schaut,
da, wo sie wirklich niemand sieht,
damit der Schmerz auch nie versiegt.

Diese Spuren fühl' ich jeden Tag,
doch verneine stets, wenn man mich fragt.
Erst in der tiefen, düsteren Nacht
zeig' ich, was ich wirklich mach.

Ich trage Spuren auf meiner Haut,
dort zu finden, wohin sich keiner traut,
nicht zu finden, gut umhüllt,
was mich jedes Mal erfüllt.

Diese Spuren fühl' ich jeden Tag,
die Narben, die ich mit mir trag'.
Meine Male, die mich ewig formen
entsprechen leider nicht den Normen.

Ich trage Spuren auf meiner Haut,
Erinnerungen, die mir niemand raubt,
die viel zu weit in mir verborgen liegen,
um sie jemals ans Licht zu kriegen.

Diese Spuren fühl' ich jeden Tag,
obwohl ich sie auch gar nicht mag.

Ich bin nicht stolz auf meine Tat,
doch weiß ich keinen besseren Rat.

STURM IN DER DUNKELHEIT

Georgie Ch. Sword

Hoffnung erwacht in einer stürmischen Nacht,
als des Kerzleins Schein verdrängt die Dunkelheit.
Kraftvoll schwimmt er weiter, mit all seiner Macht,
während der Sturm ihn peinigt in all seiner Rohheit.

Sie wartet angsterfüllt in ihrer kleinen Stube,
betet zu den Kräften der Elemente und erzählt von ihrem
Kummer.
Das Kerzlein stellt sie in eine kleine Grube,
um es vor dem Sturm zu schützen, falls sie überkommt der
Schlummer.

Die Flamme muss unbedingt weiter brennen,
denn sie dient dem Liebsten als Wegweiser in der Finsternis.
Nur so kann er im Sturm den richtigen Weg erkennen,
überwindet schwimmend den See als ihr größtes Hindernis.

Während sie wartend sitzt am Fenster,
überkommt sie irgendwann der Schlaf.
Lachend brüllen die Windgespenster,
bis ihr Pusten das Kerzlein traf.

Erloschen war nun das rettende Licht,
der Liebste dennoch sein Bestes gab,
doch das peitschende Wasser ihm nahm die Sicht,
und er das rettende Ufer zu finden nicht mag.

Am nächsten Morgen die Maid ihn am Ufer fand,
leblos und kalt war sein Leib im Wasser gefangen.
Am Boden zerstört sie nun am Wasser stand,
ihr eigener Tod der einzige Ausweg, um zu ihm zu gelangen.

Sie stürzte sich zu ihm in die Fluten,
allein soll er nicht sein im nassen Grab,
wie groß die Trauer war lässt sich nur vermuten,
einen jeden erschüttert ihr Tod bis heute ins Mark.

ZIGARETTE

F.L. Palao

Bässe wummern durch mein Herz
ein neuer Takt, ein Neuanfang
dabei will ich doch nur,
dass das Lied von vorne spielt.

Hinter mir bunt flackernde Lichter
– Lichtkonfetti, Funkensturm –
in meiner Brust nur dunkle Löcher
und die schwarze Leere ist endlos.

Deine Zigarette glüht noch auf dem Boden
und ich traue mich nicht, sie auszutreten
aus Angst, wir erlöschen mit ihr.

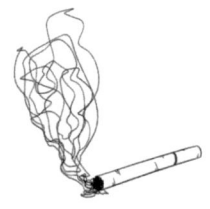

FLÜGEL

Piet Baar

Jede Nacht wachsen mir in meinen Träumen Flügel und ich fliege voller Sehnsucht zu dir empor.

Du wartest dort oben schon auf mich – auf einer himmelblauen Wolke und lachst mir durch die vielen glitzernden Sterne entgegen – aber keiner strahlt so hell wie du!

Komm, setz dich auf meinen Rücken, flieg mit mir durch die Unendlichkeit.

Lass uns frei sein – mit Glücksgefühlen durch den Himmel schweben – ohne Kummer, ohne Schmerz.

Doch jeden Morgen wache ich auf und spüre, wie sich die Einsamkeit schweigend an meine Seite legt und die Leichtigkeit meiner Träume vertreibt.

Und wieder muss ich warten – auf die Flügel der nächsten Nacht – und auf dich …

VIELLEICHT

LZD

Vielleicht geht es manchmal
Nicht darum
Etwas zu schaffen
Sondern darum
Innezuhalten

GEMEINSAM ALLEINE

Katharina Kanzan

ich will blumen für ein tischgedeck pflücken,
das im schrank steht; will bilder für eine
ausstellung malen, die niemand besucht;
will kuchen backen, der nicht zum essen da
ist. auf einer überfüllten tanzfläche alleine
tanzen. ich will laute ruhe und leises getöse.
gesellig soll sie sein, meine einsamkeit. lass
uns doch einen unendlichen moment lang
gemeinsam alleine sitzen. nur heute, ok?

JEDES JAHR AUFS NEUE

A.V. Sinth

Ich blicke empor
als der Himmel in Flammen ausbricht.

Es ist Zeit, wieder Zeit,
die vergeht und doch hat sich nichts geändert.

Bunte Lichter, grelles Leuchten,
ein Knall, Gesang und Fanfaren.

Dann ist der Moment vorbei.

Ein altes Jahr vergangen
und ein neues dabei zu beginnen.

Die Welt, die sich weiterdreht,
stets im Dunkeln, allen Lichtern zum Trotz.

Und ich, die ich unter dem Glänzen der fernen Welten
stehe,
und mich aufs Neue frage, wohin die Zeit gegangen ist.

I'VE DECIDED TO FORGET YOU

Julian Mitesch

Never again will your cheeky smile
Cross my mind
And turn grey moths into butterflies.
Over are the days when the mere thought of your name
Could mend the wounds of the world
That I dissect day-to-day
In wistful wonder.

All the things that remind me of you
Fit into a small box.
I will not burn them
That would be too much.
Instead, I will give them away freely
One by one
As if I'm distributing memories
Among my closest friends.
I know that they will cherish them
In ways, I no longer can.

I do not know you.
Nor have I known you.
Or will I ever know you.
(Little more than a blind spot remains)

I've decided to forget you.

ICH SEHE ETWAS, WAS DU NICHT SIEHST

Arjîn Isik

allein in meinem zimmer,
umgeben von hunderten büchern,
sehe ich etwas, was du nicht siehst.

ich sehe schroffe klippen und weite bergzungen,
versenkte sonnen und königreiche in trümmern.
ich sehe mich in vergessenen schlachten,
mit erhobenem schwert:
furchtlos, lebendig, unbezwingbar.

ich sehe, was dein blick,
so still suchend, niemals finden wird.

ich sehe etwas, was du nicht siehst
und es liegt verborgen zwischen den zeilen eines buches.

GEFÜHLSBLIND

Cansu Gökkaya

Die Luft war schwer, wie Hände auf Glas, wie etwas, das bald fallen wird.

Ich war schon einmal hier – in Räumen, wo Stimmen zu laut wurden und ich vergaß, wo ich endete und die anderen begannen.

Ich sah sie an, diejenigen, die berührten, ohne zu wissen, die hielten, ohne zu fühlen, was zerbrach.

Heute Nacht frage ich mich – würden sie, wenn sie nach mir greifen, ihren Griff weicher werden lassen? Würden sie mich sehen?

Und für einen Moment fragte ich mich, ob sie mich mit Sorgfalt behandeln würden, oder ob sie mich wieder brechen, damit ich ins Innere passe.

OHNE DICH

A.S. Schoepf

Wie soll ich weitergehen?
All meine Wünsche und Träume einfach übersehen, weil
es nicht sein soll…
Ohne Dich sein
Ohne Dich im Leben stehen
Ohne Dich nur noch meinen eigenen Weg gehen
Mein Herz endgültig vor Dir verschließen
Dich ausschließen
Das Wir vergessen
Die Zeit vergessen
Dich vergessen

AUF WIEDERSEHEN

Ulrike Asmussen

Ich hasse Abschiede.
Letzte Abende bis mitten in die Nacht,
stundenlange Gespräche,
Umarmungen, die nicht enden wollen.
Ein letzter Blick zurück. Vielleicht noch einer?
Die Tür fällt ins Schloss.
Auf Wiedersehen.

Man sagt, man möchte sich wiedersehen.
Miteinander in Kontakt bleiben,
sich gegenseitig auf dem Laufenden halten.
Doch dann kommt das Leben dazwischen.
Aus den Augen, aus dem Sinn.
Oder man hat einfach zu viel zu tun.
Am Ende zeigt nur die Zeit,
ob man ein Teil der Gegenwart
oder der Vergangenheit bleibt.
Ein Instagram-Follower oder eine Freundschaft fürs Leben.

Nichts ist für immer.
Keine Begegnung,
aber auch kein Abschied.

PERFEKTIONISMUS

Julia S. Oltmanns

Du hast uns gebrochen, verdorben,
waren wegen dir wie innerlich gestorben.
Mussten immer weitermachen,
stets nach außen hin schön lachen.
Hatten Angst vor dir und uns war kalt,
fanden wir dennoch nur mit dir unseren Halt.

Du schnürtest ab unsere Kehlen,
warst ein Wort, das damals keiner von uns richtig verstand.
Doch du wolltest nicht, dass wir uns gegen dich wehren,
und drücktest uns einfach mit dem Rücken gegen die Wand,
bis jeder von uns weinte und weinte und weinte,
bis unser Verstand wirklich meinte,
was uns nach und nach die Kraft raubte,
weil jeder von uns glaubte,
dass all das Übel, das uns geschah,
tatsächlich unsere eigene Schuld war.

Die Erinnerungen an die Zeit unseres Lebens prägen und bleiben,
ob positiv, ob negativ, das wird sich mit den Jahren zeigen.
Doch mittlerweile entrissen wir dir deine Macht,
haben viele Kilometer zwischen dich und uns gebracht,
lecken nach all der Zeit immer noch unsere Wunden,
fühlen uns deinetwegen geschunden
und versuchen immer noch zu verstehen,
warum Menschen sich aufgrund des Perfektionismus selbst verdrehen,
um zu stehen im perfekten Licht,
doch ist es nicht eben auch unsere Pflicht,
dass wir das Leben eines jeden schützen,
was soll es uns schließlich nützen,
wenn wir uns gegenseitig immer nur zerstören,
denn wie soll sie uns dann jemals wirklich gehören,
unsere persönliche Freiheit?

MEIN INNERES LICHT

Nadine Koch

Wenn in der Dunkelheit ein Licht entsteht,
leuchtet es heller als alle anderen.
In mir ist dieses Licht entstanden,
so stark und warm,
dass mich nichts halten kann.
Nie wieder hält mich die Kälte zurück.
Nie wieder werde ich nachgeben.
Mein Herz steht in Flammen.
Es brennt eine Hoffnung in mir.
Ich werde frei sein.
Frei von allen Schatten.
Ab heute werfe ich meinen eigenen Schatten,
der größer ist, als alles, was mir je angetan wurde.

KALTE PIZZA ZUM FRÜHSTÜCK

Tiny Ann

Wer kennt sie nicht? Diese Nächte, in denen nur der Augenblick zählt, nicht heute, nicht morgen, nur jetzt, als würde die Zeit stehen bleiben.
Doch die Uhren laufen weiter und die Realität holt einen ein.
Was bleibt, ist das Echo von Lachen, von Wärme, und kalte Pizza zum Frühstück.
Manchmal kann die Welt so beängstigend sein, dass man droht, unter all den Schreckensnachrichten zu versinken.
Brände brechen schneller aus, als man sie löschen kann.
Was bleibt, ist Hoffnung, Optimismus, Dinge für die es sich zu kämpfen lohnt, und kalte Pizza zum Frühstück.
In stillen Momenten, allein in der Nacht, erkennt man, dass nichts von Dauer ist, man nichts halten kann.
Was bleibt, sind Träume, Freundschaft, Liebe, und kalte Pizza zum Frühstück.

ÜBER RAUM UND ZEIT

Alicia Perner

Nun steh' ich dir schon wieder gegenüber.
Fühlt sich an wie letztes Mal.
Und irgendwie auch anders.
Um uns beide wird's hier draußen immer kühler,
während warme Tränen über Wangen wandern.
Über meine, nicht deine.
Denn wenn ich grad nicht stark sein kann,
dann bist du's für uns beide.
So war es auch beim letzten Mal.
Und die Male davor.

Wir hassen Abschiede.
Und doch steh'n wir uns schon wieder gegenüber,
während es hier draußen immer kühler
wird und ich wünschte, uns bliebe
noch ein bisschen Zeit.
Ein bisschen mehr davon zusammen,
ein bisschen weniger allein.

Denn die Zeit, die wir nun hatten,
ist schon wieder fast vorbei.
Du steigst gleich in dein Taxi
und ich ins Flugzeug ein.
Und dann heißt es wieder warten.
Warten.
Warten.
Bis zum nächsten Mal vereint.

Doch noch steh'n wir uns gegenüber,
steh'n mit dem Rücken nicht zur Wand.
Und mit meiner Hand in deiner
zeigst du mir statt Tränen lieber,
dass das, was uns bisher verband,
auch über die Distanz nicht kühler,
sondern gar heller, wärmer scheint.

Wir hassen Abschiede.
So war es immer schon gewesen,
so wird's beim nächsten Mal auch sein.
Und wenn wir hier nun beide steh'n,
dann immer noch mit Traurigkeit,
aber auch mit klarem Wissen,
dass das, was uns im Kern verbindet,
auch über Raum und Zeit nicht schwindet.
Das macht das Warten leichter.
Schwerer.
Leichter.
Bis zum nächsten Mal vereint.

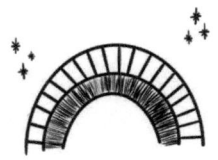

VON STEINEN, HÜTEN UND STERNEN

Ulrike Asmussen

Manchmal wird alles ein bisschen zu viel.
Ich jongliere mit mehr Bällen, als ich tragen kann
und baue meinen Jenga-Turm immer höher und höher.

Bei dem Projekt muss ich unbedingt mitmachen und diesen
Kurs genau jetzt belegen.
Ich möchte reisen, die Welt entdecken und neue
Erfahrungen sammeln.
Außerdem sollte ich mehr Zeit mit meinen Freund*innen
verbringen, neue Menschen kennenlernen und mal wieder
die Familie besuchen.

Immer wieder ziehe ich einen Stein aus meinem Jenga-
Turm und setze ihn oben drauf.

Ich soll mein Studium in Regelstudienzeit schaffen,
dabei immer gute Noten schreiben
und nebenbei bitteschön noch Hobbies haben.
Du brauchst einen Nebenjob, aber einen, der spannend ist,
und du musst unbedingt regelmäßig ein Buch lesen.

Manchmal ziehen auch andere einen Jenga-Stein aus
meinem Turm.

Sie sagen, mach dies, mach das –
aber mach dich nicht kaputt.

Nimm dir nicht zu viel vor, gönne dir Pausen,
betreibe regelmäßig Sport, mache etwas Kreatives.
Wolltest du nicht schon immer Stricken lernen?

Du musst Prioritäten setzen - aber bitte nicht die falschen.
Ernähre dich gesund, sei nicht zu viel am Handy.

Wir bewundern uns gegenseitig, wie wir alles unter einen
Hut bekommen.
Dabei sind doch all unsere Hüte zu klein. Wir balancieren
die Bälle auf der Krempe und stapeln unseren Jenga-Turm
bis ins Unendliche.
Doch für jede Sache, die wir an anderen bewundern,
bewundern andere etwas an uns.
Du kannst nicht alles schaffen und das ist okay.

Im Zweifel kommt immer alles auf einmal,
und die Leute, die wir nach dem Weg fragen,
wissen selbst nicht, wohin es geht.

Dabei rückt oft in den Hintergrund,
was im Leben wirklich wichtig ist.
Das bist du.
Und was in deinem Leben außerdem noch wichtig ist,
das kannst nur du selbst entscheiden.

Also lasst uns mit den oberen Jenga-Steinen ein Fundament
bauen
und ein paar der Jonglier-Bälle erst mal zur Seite legen.
Lasst uns einen Gang runterschalten,
die Erwartungen anderer hintenanstellen
und die eigenen Erwartungen anpassen.

Entscheide, was dein nächster Schritt ist,
und wenn du zunächst liegenbleiben
und den Sternenhimmel beobachten möchtest,
dann tue das.

Alles andere kommt danach.

MEIN LIEBES ICH

Nicole Franziska Horn

Mein liebes ICH,
auf was wartest DU?
Du hast so viele Träume,
die du noch nicht gelebt hast.
So viele Gedanken
sind noch nicht bearbeitet.

Auf was wartest DU?
Greife nach den Sternen
und erfülle deine Träume.
Stehe zu deinen Gedanken,
lass deine Gefühle frei
und beginne mit dem Leben!

Auf was wartest DU?
Atme ein, mein liebes ICH.
Glaube an dich
und deine Fähigkeiten.
Atme aus, und spüre das Leben in dir.

Warte nicht auf ein Wunder,
tu den ersten Schritt
und erkenne die Wahrhaftigkeit deines Seins.
Spüre dein Herz,
lausche der Stille in dir,
und entscheide.

Auf was wartest DU?
Akzeptiere deine Ängste,
nehme sie an,
aber lasse dich nicht von ihnen beirren,
denn sie haben nicht die Kraft
dich aufzuhalten.

Geh deinen Weg,
lebe dein Leben
und steh zu dir!

Also, auf was wartest DU,
geliebtes ICH?

UNSERE NAMEN IN DEN STERNEN

Cansu Gökkaya

Unsere Namen standen schon immer in den Sternen, eingeritzt in das stille Leuchten der Konstellationen, lange bevor wir verstanden, was es bedeutet, zu etwas Unendlichem zu gehören.
Die Nacht hat unsere Geschichte tausend Himmeln zugeflüstert, die Linien dessen nachzeichnend, wer wir sind, in Mustern, die nur wir verstehen können.
Es war nie Zufall, nie die Willkür eines chaotischen Universums.
Wir wurden hierhergezogen, angezogen von einer Gravitation, älter als die Zeit, um uns selbst in der Weite widergespiegelt zu finden.
Auch wenn der Himmel sich bewölkt, auch wenn wir unseren Weg verlieren, bleiben die Sterne. Sie halten uns, erinnern uns daran,
Dass wir schon immer bestimmt waren zu sein.

DAS LEBEN IST KOSTBAR

Kathrin Samar

So viele Tage
Ungenutzt
So viele Momente
Verstreichen lassen
So viele Worte
Ungesagt
Wohin ist die Zeit
So kurz nur
Verweilen wir auf Erden
Ein Wimpernschlag
In der Unendlichkeit
So kostbar
Jede einzelne Minute
Lasst sie nicht vergehen
Ohne zu leben.

MIT DIR, MIT UNS

Julia Abel

Ich wandere durchs dunkle Tal,
Kein Licht,
Kein Stern,
Alles so fern.

Ich will meinen Weg finden,
Bevor die Zeichen verschwinden.
Die kleinen Spuren,
Die im Schnee verlaufen.
Sie zeigen mir den Weg,
Über die Brücke,
Über den Steg.

Meine Augen tränen,
Mein Mund so trocken,
Mein Herz so schwer.
Wie lange ist es bloß schon her?

Vor langer Zeit
Es hat stark geschneit.
Viele Erinnerungen fielen zu Boden,
Meine, deine, unsere.

Gekämpft habe ich,
Hatte meine Träume,
Mit dir,
Mit uns.
Doch geschafft,
Habe ich es nicht.
Du hast sie dahingerafft.

Meine Seele gefror,
Mein Herz zerbarst.

Wir gingen Hand in Hand.
Doch du hattest mich verlassen.
Sagtest, ich sei nicht gut,
Zu anders,
Zu kaputt.
Es war der Moment,
Da ich mich verlor.

Kam nicht mehr zurecht,
Hattest alles zerstört.
Ich fiel,
Fiel in den Abgrund,
War zerschunden.
Schwärze,
Dunkelheit,
Finsternis.
Ich fiel,
fiel immer weiter.

Dämonen griffen nach mir,
Zerrissen meine Kleidung,
Meine Haut,
Mein Sein.
Deine Worte,
Hart wie ein Stein,
Scharf wie ein Messer.
Wusstest du es so viel besser?

Ich habe dich geliebt,
Habe dir vertraut,
Dir mein Herz geschenkt.
Ich war stark,
Selbstbewusst,
Ohne Zweifel.

Wir hatten uns ein Haus gebaut,
Zusammen gelebt,
Gefeiert,
Geliebt.
Hatten den Schmerzensfluss überquert,
Eine Brücke gebaut,
Mut gefasst,
Den Schritt gewagt.

Eines Tages,
Der Schnee fiel,
So tief gingen die Spuren.
Wir schritten über die Brücke,
Redeten,
Lachten,
Strahlten.
Plötzlich drehtest du dich zu mir,
Sahst mich an
Und hast mich gestoßen,
Hinab in den reißenden Fluss.
Gefroren,
Gebrochen,
Gesunken,
In die Schwärze.
Das Eis war zerstört,
Ich war im Wasser,
Kam nicht heraus,
War eingesperrt.
Wasser füllte meine Lungen,
Raubte mir den Atem,
Die Luft.
Doch du?
Du warst fort,
Ließt mich dort,
Es war wie Mord.

Alles dunkel,
Doch da!
Ein Licht
Die Dunkelheit durchbrach.
Ich glitt drauf zu,
Machte mich bereit,
Von Schmerz erfüllt.
Du nahmst mein Herz
In die Hand,
Hast zugedrückt,
Durchzuckt von Schmerz.
Tausend Scherben,
So viele Kerben.
Hunderte Narben,
Keine Farben.
Ich verlor mein Sein,
Dich,
Mich,
Alles.
Ich verlor mein Vertrauen,
Die Liebe,
Die Hoffnung.
Mein Glauben verschwand,
Alles zerstört,
Von dir.
Hast mich missbraucht,
Belogen,
Betrogen,
Hinabgestoßen in die Tiefe.

Doch was war das?
Das, was mich da fasst.
Es durchbrach das Eis,
Griff ins Wasser,
Kalt.
Eine Hand,
Die mich fand,

An sich band,
Mich packte
Und hinauszog.
Luft peitschte mich.
Wasser sprudelte aus meiner Lunge.
Geschunden,
Gefroren,
Kaputt.

Jemand zog mich heraus,
Auf die Reste der Brücke,
Im verlassenen Wald,
Alles schwarz schon bald.
Doch er hielt mich,
In seinen Armen,
Wärmte mich
Mit seinem Atem.
Ich richtete mich auf,
Sah das Gesicht,
Das die Mauern brach.
Er war es,
Mein Retter,
Der mich fand.

Wir saßen am Ufer,
Arm in Arm.
Ich weinte,
Gebrochen,
Traurig,
Hoffnungslos.
Alles war zerstört,
Wegen dir,
Von dir.
Und was ist mit mir?
Doch da war er.
Er sah mich an,
Lächelte.

Ich war verwirrt,
Versteinert,
Verunsichert.
Ich wurde weggeworfen
Und aufgefangen,
Von ihm.
Warum?
Wieso?
Weshalb?

Ich bin doch nicht gut,
Anders,
Kaputt.
Wozu mich retten?
Mich in seine Arme betten?
Alles okay? , fragtest du mich.
Wer bist du?
Wo kommst du her?
Warum hilfst du mir?
Keine Antwort,
Nur ein Lächeln,
Ein Strahlen,
Heller als die Sonne.

Leise Schneeflocken in der Luft,
Winterlicher Weihnachtsduft.
Die Scherben in mir?
Gehören dir!
Du nahmst sie,
Betrachtetest sie,
Hast sie verbunden.
Aus den Scherben
Wurde mein Herz
Ohne Schmerz,
Ein Schatz
Für dich.
Gerettet hast du mich,

Du halfst mir auf.
Standen im Schnee,
Gemeinsam.
Ich sah es in deinen Augen,
Das neue Vertrauen,
Zwischen dir
Und mir.
Du akzeptiertest mich,
Mit allen Ecken und Kanten,
Egal, was andere fanden.
Du liebtest mich,
Nahmst mich,
Brachtest mich nach Hause,
Zu dir.

Doch die Brücke?
Zerstört!
Ich konnte nicht,
Konnte nicht übers Eis.
Hatte Angst,
Zitterte,
Einsam.
Da war deine Hand,
Voller Wärme.
Ich sah dich an,
Sah die Wahrheit
Und da!
Die Bruchstücke
Verbanden sich ohne jegliche Lücke.
Die Brücke geheilt,
Hast mich befreit,
Mein Herz vom Schmerz.
Neuen Mut in mir,
Gespendet von dir.
Hast mich geweckt,
Zusammengesetzt,
Gerettet.

Du bist meine Liebe,
Mein Rückzugsort,
Meine Heimat,
Mein Sein.
Voller Vertrauen,
Hoffnung.
Befreit von Hass,
Angst,
Selbstzweifel,
Einfach rein.
Ich erkenne mich,
Meine Stärke,
Meinen Wert.

Du und ich,
Zusammen.
Sind bereit
Für alle Abenteuer dieser Welt,
Denn du bist mein größter Held!
Meine Träume werden nun wahr,
Mit dir,
Mit uns,
Schreitet der Traum zur Wirklichkeit
Über die Brücke.

MANCHMAL

Nadine Koch

Manchmal ist die Welt so schwer.
Die Gesellschaft zu fordernd.
Die Familie zu kritisch.
Die Freunde zu wenig.
Die Zeit zu knapp.

Manchmal lastet zu viel auf mir.
Die endlosen Erwartungen.
Die unerfüllten Träume.
Die loblose Arbeit.
Das Leben.

Manchmal brauche ich Hilfe.
Jemanden, der mir zuhört.
Jemanden, der versteht.
Jemanden, der tröstet.
Jemanden, der da ist.

Manchmal will ich fliehen.
Aus meinem Leben.
Aus der Realität.
Hinein in einen Traum,
oder in ein neues Leben.

TO YOU, LAST WOMAN STANDING

Tiny Ann

To you, last woman standing
Breathe
Walk at your own pace and
don´t forget to take a rest from time to time.
To you, last woman standing
Breathe
and hear me out!
If one day you can´t stand anymore – it´s ok.
You are loved, you are safe, you are enough
It´s ok – you´re going to be alright.

NACH VORN

F.L. Palao

schau dich nicht um
schau dich nicht um
ich weiß das
und doch schaue ich fünfmal zurück.

will dich nicht vermissen
nicht mehr an dich denken
nicht nach heute
nicht nach dir.

aber der Himmel leuchtet immer noch blau
und du hast mir erklärt, warum
auch wenn ich es vorher schon wusste
deine Stimme war mein Ziel.

wenn die Möwen schreien denke ich
an unser Gelächter auf der grasgrünen Wiese
und wenn ich im Zug sitze
an unser Kartenspiel.

schau nicht zurück
schau nicht zurück
das sagen sie alle
und ich weiß sie haben Recht.

das machte es nicht leichter.

doch du bist es nicht wert
nicht nach heute
nicht nach dir
wir sind nicht mein Ziel.

ich will über die Felder springen
unter klarblauem Himmel mit den Möwen singen
will verreisen
ohne an dich zu denken.

ich bin besser als zuvor
nach heute, nach dir
bin mehr ich, weniger du, und spüre nicht länger
deine Finger an meinen Fäden.

schau nicht zurück
schau nicht zurück
ich weiß, flüstere ich
und schließe die Tür.

WARTEN

LZD

Ich stehe hier
Und ärgere mich
Weil ich dich
Wieder verpasst habe
Weil aus der akademischen Viertelstunde
Eine akademische Stunde
Und schließlich ein
›Ich schaff es leider nicht,
Aber nächstes mal bestimmt‹
Wenn aus der Freude
Enttäuschung
Geworden ist
Und die Erkenntnis,
Dass man nicht wichtig genug ist
Um einen Platz in deiner Zeit
Zu beanspruchen
Wie könnte ich es wagen
Dir böse zu sein
Du hast es ja versucht
Aber vielleicht nicht genug
Flüstert die Stimme in meinem Kopf
Und das flaue Gefühl In meinem Magen
Signalisiert mir,
Dass ich hier
Fehl am Platz bin

Und eigentlich finde selbst ich,
Dass ich mehr verdient habe
Als deine leeren Versprechen
Und meine unerfüllten Hoffnungen
Wenn ich jetzt gehe
Sehe ich dich wieder?
Sollte ich das überhaupt noch wollen
Oder sollen
Wir es noch einmal versuchen?
Aber ich weiß nicht wie lange
Die Schatten noch fallen
Mir wird bange
Verbuchen
Wir das als Plan
Und ungehört verhallen
Meine Träume
Ungeschehen
Komme ich irgendwann mal irgendwo an
Oder bin es immer nur ich
Auf mich gestellt
Allein sein ist nicht das Problem
Aber wenn alles zu laut wird
Und ich meine Gedanken nicht mehr hören kann
In meiner eigenen Stille ertrinke
Und das Nichts an Gefühlen mich erdrückt
Dann wünsche ich mir,
Dass du wieder da bist
Und dir
Es nicht egal wäre
Wo ich bin
Wo bist du
Wo ist
Jemand
Der wie du, aber
Nicht du ist?

NEUMOND

A.V. Sinth

Ein Blick hinauf,
wo die Dunkelheit nimmt
ihren Lauf.

Ein paar funkelnde Sterne
leuchten schwach, aber hell
in unnahbarer Ferne.

Die Farbe ihrer Nägel
trägt glänzend einen Wunsch
und er kommt weit aus der Ferne.

Sie ruft seinen Namen
mit Sehnsucht in die Dunkelheit hinaus
und ihre Zeit nimmt erneut ihren Lauf.

Ein neuer Mond
dem stets dasselbe Schicksal
bis in alle Ewigkeit innewohnt.

Ein Prinz wohl kommen und sie sehen mag
einmal nur, bei Neumond
an diesem einen, ganz besonderen Tag.

SEELENZART

Steffi Lofeldt

Wenn ich an dich denke
Und überleg, wie du so bist
Dann ist es gar nicht wunderlich
Dass mein Herz in dich verschossen ist

Menschen wie dich zu treffen
In dieser rauen Gegenwart
Ist wie Magie – du bist
Lieb und lind und seelenzart

Du verzauberst
Dein Lächeln mich gar ganz verzückt
Dass ich dich traf in meinem Sein
Mich jeden Tag erneut beglückt

Und hätte ich einen Wunsch frei
In meinem ach so kleinen Leben
Dann wäre dieser, dich würd es bis zum Ende
Hier an meiner Seite geben

FLAMMENDER TANZ

Giuseppe Alessio De Gregorio

Blut an der Klinge,
Kopf in der Schlinge,
Rote, dickflüssige Substanz
Fließt wie ein flammender Tanz.
Tropfen kalt und schwer.
Zeugen kämpfen nicht mehr.
Stille schreit, das Herz erstarrt.
Ein Schatten fällt, die Nacht verharrt.
Kalte Hände, die Leere greift,
Ein Geist, der durch die Dunkelheit streift.
Schritte hallen, Echo weht,
Ein Funke, Leben, das langsam vergeht.
Flammen tanzen, flackern sacht,
Ein Funke, der die Dunkelheit entfacht.
Denn wo das Blut den Boden nährt,
Wächst Hoffnung, die den Schmerz verzehrt.

IM SCHATTEN DER LEERE

Giuseppe Alessio De Gregorio

Ich spüre es wie Gift, das in meinen Knochen sitzt,
Ein Hauch von Dunkelheit, dass mich zerfrisst.
Kein Licht, kein Funke, der die Nacht durchbricht,
Nur die Leere, die in meiner Brust spricht.

Kein Ausweg, keine Flucht, nur dieses Schweigen,
Es versucht alles, um mich in den Wahnsinn zu treiben.
Ich suche verzweifelt nach dem Licht,
Doch dunkel bleibt meine Sicht.

Ich versinke in der Stille, gefangen im Raum,
Wo jeder Gedanke sich selbst verbraucht und zerstört wie
ein Traum.
Der Atem wird schwer, das Herz wird lahm,
Jede Hoffnung zerbricht, wie ein zerfallener Plan.

Die Zeit ist ein Echo, das niemals verhallt,
Und die Stille, sie wächst, wie ein unendlicher Wald.

Ich greife nach Worten, doch sie entgleiten mir,
Verloren in der Leere, fern von dir.
Der Schmerz wird zur Stille, die mich fast schon erdrückt,
Und den Glauben auf Rettung langsam erstickt.

Die Dunkelheit frisst sich weiter in mich hinein,
Ein unendlicher Abgrund, der mich zu verschlingen
scheint.
Kein Morgen, keine Hoffnung, nur kaltes Gewicht,
Das mich umhüllt und erdrückt, bis nichts mehr spricht.

Ich schreie, doch mein Schrei erstickt in der Luft,
Verblasst in der Leere, wie ein verblasster Duft.
Die Zeit bleibt stehen, während ich vergeh',
Und ich frage mich, ob ich dich irgendwann wiederseh'.

ALL MY POEMS ARE LOVE POEMS

Julian Mitesch

All my poems are love poems
Sometimes it's just a bit harder
To find the love.

It's usually me who is doing the loving
But sometimes I am the one who is being loved
And sometimes the loving has nothing to do with me at
all.

Sometimes it is hopeless love, sometimes desperate
Sometimes silly and sometimes proud.
Most of the time it is unfulfilled love
Because that is just easier to write about.

It is love for words and rhythm and melody
It is love for all things brief yet eternal.
All things falling and forgotten
All things dancing and dangerous
All things violet and orange and grey.

It is a love that shakes me awake
in the middle of the night
And shouts
»Look at the world you've been given.
Look at the trees
And the words
And the memories
That nurture you in ways you don't even realise.
How can you sleep in a world so wonderful?«

»How can you close your eyes when there is still
beauty to be seen?
How can you close your ears when there are still
songs to be heard?
How can you close your door when there are still
strangers to be met?
How can you close your book, when there are still
words to be read?«

ANGST VS. MUT

Georgie Ch. Sword

Kann Mut existieren ohne Angst?
Was ist Mut? Und was ist Angst?
Ist es nicht mutig, Angst zu zeigen?
Und kann man nicht ängstlich sein, obwohl man mutig ist?

Wenn man sich sicher fühlt, ist es leicht, mutig zu sein,
doch die Angst lässt einen Vorsicht walten.
Weder von dem einen ist es gut zu viel zu haben, noch von
dem anderen,
denn zu viel Angst ist lähmend und zu viel Mut treibt zu
Übermut.

Gelähmt ist man unfähig zu handeln und übermütig zu
sein verleitet zu Fehlern.
Also nochmal die Frage, kann Mut ohne Angst existieren?
Ich sage nein, denn die Mutigsten haben auch Angst,
Angst zu versagen, Angst vorm Alleinsein, Angst vor vielen
Dingen.

Aber auch die Ängstlichen sind mutig,
mutig ihre Angst zu zeigen, mutig über ihre Angst zu
sprechen.
Wir können alle voneinander lernen.
Es ist mutig, auf seine Angst zu hören, um vorsichtig und
mutig durch die Welt zu gehen.

TAG AM SEE

Mareike Verbücheln

Eiskaltes Wasser,
so kristallblau, man denkt, man träumt.
Hohe Berge, grüne Wälder,
die einen umkreisen.

Kreischend in den See springen,
eine Runde schwimmen.
Lachend gegenseitig nass spritzen,
schwimmen,
und den blauen Himmel betrachten.

Die Zeit mit Freunden genießen.
In Decken eingehüllt am Lagerfeuer sitzen,
Lieder singen und Geschichten erzählen.
Wissend, davon wird man den Enkelkindern erzählen.

ECHO VOM 04. NOVEMBER

Elci J. Sagittarius

Man will den Schmerz nicht fühlen, nicht spüren, wie er einem das Herz Stück für Stück
auseinander nimmt. Man lenkt mit all seiner Kraft seine Gedanken in eine andere Richtung,
nur um nicht mitzukriegen, wie qualvoll das Herz gegen den Brustkorb drückt, als würde es rausspringen wollen, um dem Schmerz noch mehr Platz geben zu können – um ihn *fühlen* und *loslassen* zu können! Man würde meinen, dem Schmerz würde es langweilig werden. Doch in Wahrheit schwillt er an, wird vom Herzen immer und immer wieder zurückgeworfen, bis man das Schlagen nicht mehr zwischen Absicht und Notwendigkeit unterscheiden kann.

ASYMPTOTISCH

Elci J. Sagittarius

Du und ich, immer fast.
Immer und immer und immer wieder.
Wir waren immer an der Grenze zum Fast.
Niemals Nichts,
Niemals Etwas.

IM DUNKEL DER NACHT

Svenja Tiefenthaler

Im Dunkel der Nacht träumte ich,
Die Freiheit läge mir zu Füßen und ich
Sähe Falken mit ausgebreiteten Schwingen übers Land
ziehen,
Doch war's ja nur ein Traum –

Im Dunkel der Nacht
Lag ich wach.
Des hellen Tageslichts
Wandelte ich übers freie Feld von nichts
Als Wind umgeben, der um meine Nase wehte,
Letzte Sonnenstrahlen wollte ich ergattern
Und hoch oben den Wolken beim Vorüberziehen
zuschauen,
Doch war's ja nur ein Traum.

Denn im Dunkel der Nacht,
Lag ich wach.
Wie konnte es so schnell sich ändern,
Aus Liebe Hass werden?
Und aus dem Glück vergangener Tage Verderben
Und ein reichlich Elend auferstehen,
Als zwei sich gesehen,
Als zwei sich ihrer Wege wieder trennten.
Doch dies war wahrlich kein Traum.

Im Dunkel der Nacht
Lag ich wach.
Träumte mit offenen Augen von all den Was-Wäre-Wenn's,

Wer kennt's?
Es ist nicht leicht den richtigen Weg zu finden,
Sich zu binden,
Doch: Führen wirklich viele Wege ans gelobte Ziel?
Was ist, wenn kein Weg sich dir zeigt
Und das Ziel verschwommen, ein verborgenes bleibt?
Die Zeit verbirgt die wahre Antwort,
Du musst sie nur finden,
Die, die es sich zu verschwinden
Zur Aufgabe gemacht hat,
Eines jeden Tages und einer jeden Nacht.

So reiße runter deine Mauern und Barrikaden,
Die dein Herz verstecken und deine Seele baden
In Selbstzweifel und im Gedankenkarussell,
Das sich dreht wundersam schnell,
So auf dass alle Tage sich dir eröffnen kann, dein
wohlverdientes Ziel.
Sei aufmerksam und höre,
Was dir die Welt gebietet und vergiss
Die Hürden und die Steine, die dir das Leben in den Weg
schmiss.
Das Altern macht das Leben nicht schwach,
Den Tod verbirgt es nicht,
Doch lass deine Seele werden – ach,
Auf Falkenschwingen hoch dem Ziel entgegenfliegen
Im Dunkel der Nacht.

I THINK I'M IN LOVE

Ayleen Hammer

I think I'm in love
but do I even know how it feels?

I think I'm in love
but when do I know now it's real?

I think I'm in love
but do I even know you're good?

I think I'm in love
but when do I know that both of us could?

I think I'm in love
but do I even know where to start?

I think I'm in love
but when do I know that you won't break my heart?

I think I'm in love
but do I even know how long it will last?

I think I'm in love
but when do I know how to forget the past?

I think I'm in love
(but I wish I was not)

MORGENSONNE UND NEBELDUNST

Julia S. Oltmanns

Die Straße liegt leer vor mir,
bin schon frühmorgens hier.
Auf dem Weg zur Arbeit
liegt die Welt in absoluter Abgeschiedenheit.

Dichter Nebel verschlechtert meine Sicht,
doch dann sehe ich ein strahlendes Licht,
bricht links hinter den Bäumen hervor,
wie ein feuriges Weltentor.

Die Sonne, wie ein riesiger rot leuchtender Ball,
verspricht schönes Wetter auf jeden Fall,
bahnt sich ihren Weg am Himmel hinauf,
so nimmt mein Tag mit einem sanften Lächeln seinen
Lauf.

FARBENSPIEL

Georgie Ch. Sword

Gedanken tanzen durch den Kopf wie wild umher,
wie bunte Farben, die man nur im Dasein findet,
sprechen sie von mehr.
Von mehr und so bunt wie nur das Leben mag erzählen,
lassen sie uns immer wieder von Neuem wählen,
wie wir unseren Weg in der Zukunft zeichnen.
Soll es ein Neuer sein, oder doch dem Alten gleichen?

Spielend, tanzend, malend haben wir die Chance zu
wachsen,
mit bunten Farben können wir definieren unsere
Lebensachsen.
Nutzen wir die Möglichkeit groß zu werden,
nicht mehr im Grau des Alltags zu verderben,
strahlend gehen wir dem Morgen entgegen,
unsere Gedanken und Träume werden wir erleben.

DER TRAUM VOM FLIEGEN

A.V. Sinth

Hast du schon mal überlegt zu fliegen?
Es dir gewünscht?
Ersehnt?

Der Gedanke ist verlockend.
Einfach abzuheben,
alles hinter sich zu lassen.

Dein Kopf in den Wolken,
dein Körper federleicht,
frei von allen irdischen Sorgen.

Aber wann würdest du landen,
wie deinen Kopf aus den Wolken heben,
wie zurückkehren?

Wer könnte dich noch erreichen?
Wer dich zurückbringen,
dich retten, bevor du fällst?

FLÜCHTIGER GEDANKE

Katja Cramer- Brandt

Es brach mal ein Gedanke auf,
ging ohne Ziel spazieren,
um sich beim Geh'n im Tageslauf
dann wieder zu verlieren.
Er lächelte im Sonnenschein
und hörte einfach auf zu sein.

HERBSTGEFÜHLE

Alicia Perner

Wenn wir bei Herbstwetter
durch Herbstblätter gehen
und sich aus Versehen
in deinen Augen
all die warmen Farben spiegeln

Wenn wir am Rand der Allee
vierblättrigen Klee sammeln
nach frischem Glück angeln
und in deinen Augen
all die stillen Träume liegen

Wenn wir auf Schaukeln und Wippen
mit Lippen, die lachen
neue Hoffnung entfachen
und sich auch in meinen Augen
Dankbarkeit und Ehrfurcht wiegen

Dann ist mir schon längst
nichts mehr als Liebe
und Zuversicht
geblieben

ES GEHT MIR GUT,
ODER NICHT?

LZD

Es gibt diese Stunden
In denen ich lache
Und zeitgleich meine Wunden
Verstecke
Es ist diese eine Frage
Die mich quält
Diese eine Überlegung
Die mich wach hält
Es geht mir gut, oder nicht?
Und während ich wach liege
Drehen sich meine Gedanken im Kreis
Ich träume ich fliege
Aber mein Herz verkrampft sich
Ich beiß' mich durch
Oder nicht?
Und so falle ich
Bis ich die Augen aufschlage
Und wieder ins Dunkel starre
Mein Herz ist leer
Und das macht mir Angst
Dabei wünsche ich mir so sehr
Dass mein Lächeln wieder tanzt
Und nicht nur aufgesetzt
Eine Maske verbirgt

Eine Maske, die starr vor Angst entdeckt zu werden
Entlarvt als seltsam und gehetzt
Dreht sich alles um mich
Schneller und schneller
Während ich selbst still stehe
Ein einsamer Tanz am Abgrund
Jeder Schritt, den ich gehe
Könnte abrutschen und bunt ins Grau fallen
Und während dessen halte ich stand
Denn ich sehe es in deinem Blick
Du reichst mir deine Hand
Ich greife danach, aber zu dick
Ist die Maske
Zu weit der Abstand
Ich lächle wieder
Es geht mir gut
Oder nicht?

MUTIG

LZD

Und vielleicht habe ich Angst
Aber genauso habe ich auch Mut
Und wie soll ich gewinnen
Wenn ich es nicht einmal versuche?
Das Spiel nicht spiele
Die Schritte nicht gehe
Die Erfahrung nicht sammle?
Was soll mich weiterbringen
Wenn ich nur auf der Stelle stehe
Verzage und zurückblicke
Festhalte an etwas,
Dass längst zerfallen ist.

SAND IN DEN SCHUH'N

Svenja Tiefenthaler

Es war nur ein kurzer, glücklicher Moment,
nur wenige Stunden
verbunden
mit dir.

Wir saßen auf meinem bunten Handtuch,
starrten aufs Wasser,
sagten nichts, krasser
noch mit Tränen in den Augen
konnte ich es kaum glauben,
als ich deine Blicke spürte,
meine Hand zu deiner führte
ohne meinen Blick vom Meer abzuwenden,
Zeit zu verschwenden
für einen Kuss!

Dein Kopf schmiegte sich an meine Schulter,
deine Haare kitzelten mein Gesicht.
Ich lächelte verschmitzt
und dachte verwundert:
Was wohl noch kommen würde,
wie dieser Moment zu weiteren führte,
zu einem Kuss?

Wir liefen Hand in Hand
über den Strand,
hörten den Wellen beim Rauschen zu
und im Nu
vergingen Sekunden und Minuten,

in denen ich glücklich war an deiner Seite
mit der Weite
des Meeres im Rücken.
Entzücken
blitzte durch meinen Körper, als du mich küsstest.

Die Stunden vergingen,
wir hingen
ununterbrochen zusammen und genossen uns,
die Blicke,
die Berührungen,
die Küsse
wie Blitze
durchfuhren sie unsere Körper.
Haut an Haut,
Atem geraubt,
genommen,
verschwommen
in der Ekstase des Augenblicks
mehr als nur ein Kuss.

Am Morgen wachte ich in deinen stahlblauen Augen auf,
die Decken zerwühlt,
so viel gefühlt
letzte Nacht.
Wir lagen so lange wach,
nebeneinander,
Hand in Hand
und ich wusste tief in mir,
dass dies nur ein kurzer Wimpernschlag sein würde
mit dir.
Die Bürde
der Distanz, der unterschiedlichen Leben würde
keinem von uns das geben,
was er braucht
wie Nähe und Küsse.

Und deshalb denke ich mit einem weinenden
und einem lachenden Auge zurück,
an das kurze Glück
zwischen mir
und dir
und versuche meine Gedanken zu ruh'n,
denn das Einzige,
was ich mit nach Hause nehme,
sind Erinnerungen
an deine Berührungen,
deine Blicke,
Küsse,
und Sand in den Schuh'n.

MEINE ALLERLIEBSTE MAMA

Julia Abel

Vom ersten Moment an in der Wiege,
Geborgen in einem Herzen voller Liebe,
Beschützt und behütet sie dich jeden Tag
Und fängt ab für dich jeden Schlag.

Die Güte in ihren Augen
Lässt mich überwältigt sehen,
Dass sie dir immer schenkt Vertrauen.
Drum Gott, lass sie niemals gehen!

Die Heldin in meinem Leben
Ist für mich ein großer Segen.
Sie ist für mich ein Anker,
Meine allerliebste Mama!

DAS MEER DER ERINNERUNGEN

Mia-Sophie Matzke

Ein weiteres Mal wird ein Gegenstand angeschwemmt,
den ich bereits aus der Ferne erkenne.
Die lila Perle in der Muschel war mein erstes Geschenk
an dich.
In einem Leben vor meiner jetzigen Einsamkeit, wo du
noch bei mir warst.
Bevor du dich für das Meer entschiedst, ein Boot bestiegst
und verschwandst.
Die blaue Lagune gibt mir unsere Erinnerungen nach
und nach zurück.
Erst war es schmerzhaft, doch nun merke ich, dass die See
versucht mich zu heilen.
Unsere Zeit Revue passieren zu lassen, ist ein Abschied
und ein Abschluss.
Sie ist vorbei, wird niemals zurückkommen.
Doch sie existiert weiter, in mir – und im Meer der
Erinnerungen.

STERNENLICHT

Mia-Sophie Matzke

Im Sternenlicht wird sichtbar, was sonst verborgen ist.
Staunen oder Gleichgültigkeit entscheiden darüber, wer
du bist.
Masken fallen wie die leuchtenden Sternschnuppen.
Doch wird sich dein wahres Gesicht heute entpuppen?
Lange konnte ich dich nicht lesen, wusste nicht,
wer du warst, doch nun sehe ich es ganz klar.
Warum beteuerst du noch die Schönheit der Sterne,
wenn du sie gar nicht siehst?
Warum lügst du mich an, obwohl du mich gar nicht
liebst?

GROTESK

F.L. Palao

Hab knorrige Äste
und sperrige Wurzeln
werf Blätter in den Weg
und Pollen in die Luft.

Bin ein Hindernis
ein Risiko
ein Ärgernis.
Bin alles, was ich nicht sein sollte.

Sie war perfekt
ein Beispiel, ein Vorzeigebild.

Sie kam und legte ihre Decke
in meinen Schatten
erzählte mir Geschichten
von Traurigkeit und Einsamsein
vom Erwarten und Fordern und Nehmen.

Meine Äste wiegten sich im Wind
sangen eine Melodie zu ihren Worten
ihre Hand auf meiner Rinde
waren wir eins.

UNENDLICH

LZD

Da liegen sie nun
Unsere Lieblingsbücher
Auf einem Haufen
Aufgestapelt an der Seite
Unendlich viele Wörter
Gepackt zwischen
Tausendeinhundertsiebenundsiebzig Seiten
Gelesen
Markiert
Angestrichen
Und notiert
In unsere Köpfe gebrannt
Wie kleine Wegweiser
Im Labyrinth

BITTE BLEIB

Nadine Koch

Ich weiß du willst gehen.
Doch bitte bleib.
Nur einen Tag.
Nur einen Moment.
Bitte bleib.
Geh nicht fort.
Solange du kannst.
Solange du kämpfst.
Bleib hier.
In dieser Welt.
Bitte geh nicht fort.
Bitte atme weiter.
Bitte bleib … bei mir.

ERNTEZEIT

Georgie Ch. Sword

Reifes Korn verziert die Felder,
Früchte biegen die Äste der Bäume der Wälder.
Wärmend umschmiegen uns die Strahlen der Sonne,
Fülle und Wohlstand lassen uns lachen in Wonne.

Alles, was wir gesät, ist nun bereit, zu ernten,
doch nicht nur das Korn und die Früchte, sondern auch,
was wir lernten.

Lass das Feuer der Sonne in dir brennen
und du wirst schon bald erkennen,
welche Saat die Gute und Richtige war,
alles andere kann gehen, auch wenn es dir war sehr nah.

Alles, was wir gesät, ist nun bereit, zu ernten,
doch nicht nur das Korn und die Früchte, sondern auch,
was wir lernten.

Loslassen, weiß jeder, kann manchmal schwierig sein,
doch ist so manches ein Klotz an unserem Bein,
aber keine Angst, wenn es wieder in unser Leben passt,
dann wird es bereit sein, sei frohen Gemüts und darauf
gefasst.

Alles, was wir gesät, ist nun bereit, zu ernten,
doch nicht nur das Korn und die Früchte, sondern auch,
was wir lernten.

EIN ENGEL

Nicole Franziska Horn

Fühl die Wärme, fühl den Schein,
so herzlich kann ein Engel sein.

Verzaubert dich mit seiner Güte
und nimmt dabei noch all das Trübe.
Greif die Hand und lass nie los.
Spüre Wärme, spüre das Licht,
Ein Engel gibt, ein Engel nimmt,
weil er dich liebt und das bestimmt.
Er hört dein Lachen und die Freude,
aber auch die Angst und Tränen,
steht neben dir und tröstet dich,
weil du etwas Besonderes bist.
Fühl die Wärme, fühl den Schein,
so herzlich kann ein Engel sein.

MEINE LIEBE, MEIN LEBEN

Kathrin Samar

Meine Liebe, mein Leben
Alles würd' ich für dich geben
Steh zur Seite dir für alle Zeit
Bin für jeden Kampf bereit
Behüte und beschütze dich
Jeder Schmerz in dir, zerreißt mich innerlich
Wenn nötig reiche ich dir meine Hand
Sie hält dich sicher, wie ein unsichtbares Band
Sehe jeden Schritt in deine Zukunft
Weiß' du folgst deinem Weg mit Vernunft
Dein Glück ist was ich will
Ein Lächeln von dir und mein Herz steht still
Mein Kind, was auch immer kommen mag
Ich bin für dich da, mein Leben lang, jeden Tag.

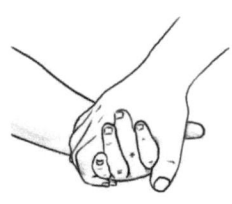

WORDS YOU'LL NEVER READ

L.A. Pichler

I showed my poems to a friend.
She smiled when she read them.
And she asked: »Is this about a boy?«
And I said: »Yes.«
So she asked: »Does he know?«
So I laughed. »No.« He doesn't read poems.
Sometimes I wish he did, I thought.

ICH MAG SOMMERREGEN!

Tiny Ann

Ich mag Sommerregen.
Ich mag, wie er mir den Staub aus den Augen wäscht.
Ich mag Sommerregen.
Ich mag, wenn er sich mit dem Wasser meiner Tränen
vermischt.
Ich mag Sommerregen.
Ich mag, wie er die Luft klärt und ich danach wieder
atmen kann.
Ich mag Sommerregen.
Und die Farbe des Sees, wenn er fällt.
Ich mag Sommerregen.
Und die Stille, die er bringt.
Ich mag Sommerregen.
Ich mag, wie die Tropfen mit ihm tanzen.
Ich mag Sommerregen.
Aber nicht jeden Tag.
Ich mag Sommerregen.
Dann wenn ich ihn brauche.
Ich mag Sommerregen.
Ich mag, wie er von saftig grünen Blättern tropft.
Ich mag Sommerregen.
Wenn er mich zum Tanz auffordert.
Ich mag Sommerregen.
Wenn er die Hitze bricht.

SEHNSUCHT NACH GLÜCK

Annika Steinke

Manchmal sehne ich mir Glück herbei.
Nur ganz leise, will niemanden stören.
Klopfe an, zögere, keiner scheint mich zu hören.

Dann würde ich mich am liebsten verstecken.
Mich verkriechen, ganz tief, unter tausend Decken.

Manchmal sehne ich mir Glück herbei.
Werde zornig und laut.
Doch niemand, der auf mich schaut.
Keine Regung auf meinen Schrei.

Dann schlucke ich die Wut herunter, verdränge den
Frust.
Und trotzdem wird es mir schwer in der Brust.

Manchmal lebe ich einfach in den Tag.
Mein Kopf ist frei, die Gedanken sind klar.
Ich lebe im Jetzt, bin einfach nur da.
Begegne Dingen, die mir guttun, die ich mag.

Dann lächle ich, denn ich hätte nie gedacht,
Dass es doch so wenig ist, was Glück ausmacht.

MEIN WEG ZUR ERLEUCHTUNG

Katja Cramer- Brandt

Neulich beim Yoga, da lernte ich was,
das mir hilft für mein weiteres Leben.
Ich besuchte den Kurs zum einen aus Spaß,
zum and'ren, weil ich kaum noch Muskeln besaß
und um nach Erleuchtung zu streben.

Es hieß, nun roll deine Decke aus.
In einfacher Haltung sitze.
Lass fließen den Atem sehr lang und tief,
den Rücken ganz aufrecht und kein bisschen schief
und sieh auf die Nasenspitze.

Das allein schon forderte all meine Kraft,
doch das Schwerste kam erst viel später:
Jetzt denk mal innig und fieberhaft
an etwas, das dir großen Ärger verschafft
und schieß es dann flugs in den Äther.

Du brauchst eine einfache Formel dazu.
Drei Worte lass in dir ertönen.
Du bist ganz bei dir und denkst: UA HEY GURUH,
dabei schielst du schön weiter, die Augen halb zu
und knirschst möglichst nicht mit den Zähnen!

Ich hab' es auch ganz genauso gemacht.
Das tat den Charakter mir bügeln.
Ich bin jetzt viel seltener aufgebracht.
Wenn doch, klingen in mir drei Worte ganz sacht
und oft kann ich mich dann noch zügeln.

So neulich: 'ne Dame parkte mich zu.
Ich wurde vor Wut furchtbar wild.
Ich pöbelte laut: „Mach doch Platz, blöde Kuh!"
Dann fiel es mir ein – nicht doch! UA HEY GURUH!
Zeigte Peace schnell und lächelte mild.

Der Bäcker schloss gestern die Ladentür zu,
und zwar gut fünf Minuten zu früh.
Ich brüllte von Sinnen: „So'n Mist, das ist Schmu!"
Doch sogleich die Erlösung: „UA HEY GURUH!
Noch 'nen schönen Abend für Sie."

Ein Streit mit dem Schatz bracht' mich so aus der Ruh,
dass ich die Beherrschung verlor.
Mit Schaum vor'm Mund schrie ich: „Halt's Maul! Hör
mir zu!
Du kannst mich mal kreuzweise UA HEY GURUH!",
Und biss ihm dann zärtlich ins Ohr.

Ich komm zu dem Schluss, diese Meditation
brachte mich nicht nur körperlich weiter.
Ich übe jetzt täglich mit Konzentration
schielend UA HEY GURUH und ich freue mich schon
auf ein Leben, erleuchtet und heiter.

PIRAT

F.L. Palao

Heute Abend hat es geregnet
Weltuntergang
die Straßen warn Flüsse
und alles verschwamm

Sie standen am Fenster
ihr Ärger ein Sturm
er saß auf dem Boden
Papier um sich rum

In seiner Hand ein Boot
stach er in See
so trieb er davon
fand Frieden in Lee

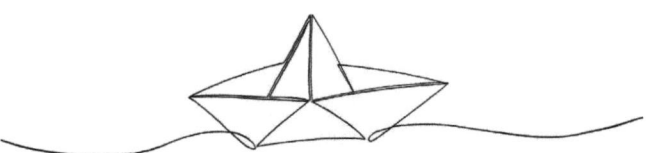

RÜCKSITZ AUSBLICKE

Mareike Verbücheln

Staunend die Umgebung betrachten,
leise Musik dröhnt in den Ohren,
schirmt einen von der Welt ab.

Der brummende Motor
verstummt im Hintergrund,
einzig die vorbeifahrende Landschaft zählt.

Wälder, Berge, Felder;
es sieht aus wie gemalt.

SPRUNG

Mareike Verbücheln

Augen zudrücken,
diese Idee bereuen und verfluchen.
Die Welt unter einem klitzeklein,
eine endlose Weite dazwischen.
Der Absprung,
kreischend, die Augen zulassen.
Nach einigen Sekunden beruhigen,
neugierig die Augen öffnen und
auf diese wunderschöne Welt hinab blicken.
Grinsend die Arme ausbreiten,
bis der Fallschirm aufspringt.
Auf den Boden schweben,
mit Glück im Herzen.

IN DEN ARMEN DER DUNKELHEIT

Giuseppe Alessio De Gregorio

Das Herz gebrochen und entrissen,
Lauf ich durch die Nacht.
Deine Worte scharf wie eine Klinge,
Haben mich um jeden Schlaf gebracht.

Deine Worte schlagen mir aufs Gewissen,
Wie Donner hallen sie in mir.
Ein Sturm aus stillen Bissen,
Doch so laut wegen dir.

Wie ein Schatten im fahlen Licht,
Verlor ich dich und fand ein Nichts.
Dein Bild verblasst, doch bleibt die erstickende Qual,
Ein endloser Schmerz, ein stummer Schrei im Tal.

Die Dunkelheit nimmt mich in ihre Arme,
Wie eine nette, alte Dame.
Sie hüllt mich ein mit stiller Macht,
In ihrer Kälte, die in mir erwacht.

ROSES AND GIRLS

Ayleen Hammer

Everyone loves roses
how they look
how they smell

But nobody loves their thorns
how they hurt
how they sting
because they don't want to be touched

For me, roses are like girls

Everyone loves girls
how they look
how they talk

But nobody loves their strength
how they fight back
how they belong to themselves

Because they don't want to be touched either

KLEINE AUGEN

Julia Abel

Zarte, kleine Augen
Mit grünem Glanz,
Die schönste aller Frauen
Mit mir in einem Tanz.
Ach, was würde ich nicht tun,
Um mit dir für immer vereint
Im Paradies des Himmels ruh'n,
Wo unsere Liebe auf ewig keimt.

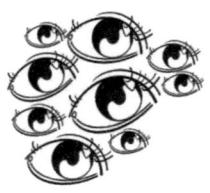

WHEN WE

Karolina Stauber

When we were children,
you told me, I was your best friend.
You said, this was forever.
I believed you.

When we went to different schools,
you told me, it didn't matter.
You said, we were one and the same.
I loved you.

When we were young adults,
you told me, you are too busy.
You said, we will talk soon.
I missed you.

When you moved away,
you told me, "This is life".
You said, it wouldn't change anything.
I trusted you.

Last week was you weeding.
You told me, you didn't want me there.
You said, this was forever.
You lied.

BEAUTY IN A HEARTBEAT

L.A. Pichler

It's so hard to be a writer
In a world full of people
who's beauty can only be shown
by drawing them,
so you'll understand
In a heartbeat.

GEIST

Mia-Sophie Matzke

Da war ein Geist in der Ferne.
Eine unscharfe Gestalt.
Er wanderte langsam, ziellos durch den Wald.
Ein weißes Gewand, sonst trug er nichts.
Doch ich brauchte nicht die Gewissheit eines Gesichts.
Den Blick gesenkt, die Schultern gehoben,
für andere nicht sichtbar und ungelogen –
fast hätte auch ich ihn nicht erkannt.
Doch je länger ich zusah, desto mehr wand ich mich vor
der Erkenntnis.
Ich bin der Geist – er ist ich.

SCHATZ

F.L. Palao

Hier liegt ein Schatz versteckt
ich weiß es ganz sicher
wertvoll und riesig und
unauffindbar

ich weiß es von Mama
die weiß es von Opa
der weiß es von dem Freund
der damals das Haus verkauft hat
woher der Freund es weiß
das weiß ich nicht

Der Schatz war schon immer hier
schon immer gut versteckt
ich hab ihn nie gefunden
auch nie danach gesucht
wo ich doch weiß;
der Schatz ist
unauffindbar
gut versteckt

Sonst hätte Mama ihn ja gefunden
oder Opa
oder sein Freund

in Gedanken gehört er uns
der Schatz

ZAUBER DES AUGENBLICKS

Tiny Ann

Verstohlene Blicke übers Lagerfeuer,
ein Hauch von nichts oder der Anfang von mehr?
Was auch immer, der Zauber des Augenblicks bleibt.
Worte gesprochen aus Alkohol oder aus dem Herzen?
Was auch immer, der Zauber des Augenblicks bleibt.
Wärme, die strahlt aus Armen oder doch nur aus dem
Feuer?
Was auch immer, der Zauber des Augenblicks bleibt.
Wie in eine andere Welt gebannt, in der man dich sieht
oder nur deine Rolle darin?
Was auch immer, der Zauber des Augenblicks bleibt.
Der Zauber des Augenblicks bleibt … Bis er verstreicht.

METAPHOR

Julian Mitesch

I just want to gaze at the stars.

Where the stars are a metaphor
For everything beautiful
And everything worthwhile
And everything known
And everything unknown and unknowable
And everything just and chaotic and true.

And my gazing is a metaphor
For a way of living and thinking,
For allowing the stars to occupy my time,
to guide my goals and values.
For a form of conversation and behaviour and attitude
that is conscious, sustainable and justified.

And I am just a metaphor for myself.
And my mind, my body, and my soul
And my goals and my friends and my purpose
And my thoughts and my dreams and my life.

I just want to gaze at the stars.

WIE VERBRINGEN WIR DIE TAGE, DIE UNS BLEIBEN?

Julian Mitesch

Fragen wir: »Was wird jetzt aus uns beiden?«
Sagen wir: »Ich will nicht mit dir streiten?«
Beklagen wir die wechselnden Gezeiten
Die uns gnadenlos nach ihrem Willen treiben?

Ob du mich noch magst, muss ich bezweifeln.
Doch wag' ich nicht dir meinen Schmerz zu zeigen.
Ertrag das Schweigen nicht von unser beider Seiten.

Die Wahrheit ist, ich kann uns nicht mehr leiden.
Ich klage nicht: »So geht es nicht mehr weiter!«
Ich warte nur darauf dass wir entscheiden,
Was wir beide jetzt zu sagen noch vermeiden.

Wie verbringen wir die Tage, die uns bleiben?

STILLES BRODELN

A.V. Sinth

Kochendes Wasser.
Es brodelt.
So wie er.

Nur
dass es aufkocht, hochkommt und irgendwann
überschäumt -
und er nicht einmal blinzelt.

Seine Finger trommeln auf dem Deckel.
Wassertropfen fallen zurück in den Topf,
verschwinden in der kochenden Masse und steigen
erneut auf.

Sein Blick geht durch die durchsichtige Masse hindurch,
so wie die Wut durch ihn
und ich sehe zu.

Da ist ein Feuer in seinen Augen,
das einzig Leuchtende an seiner Gestalt,
die sonst nur grau und schwarz gefärbt ist.

Das Blubbern des Wassers
in der Stille,
es füllt den Raum mit allem und nichts.

Warum ist er ~~hier~~,
hat er gefragt
und ich habe keine Antwort gewusst.

Das Wasser kocht,
bis er die Hitze auslöscht
und es nicht mehr brodelt.

Das hier
ist wegen ihm,
doch warum ist er ~~hier~~?

EIN BLICK ZURÜCK

Ulrike Asmussen

Als Kinder haben wir Detektiv gespielt – die drei
Leoparden, das waren wir. Ein Team. Unzertrennlich.
Unschlagbar.
Auch wenn der erste große Fall uns immer noch
bevorstand, war jeder Tag zusammen ein Abenteuer.
Heute kann ich nicht mehr sagen, wie es dir geht.
Würde ich dich auf der Straße wiedererkennen?
Ich weiß nicht, was aus dir geworden ist, wie du so lebst.
Das Leben hat eben seinen Lauf genommen.
Doch immer wieder denke ich an dich zurück.
Weißt du noch, wie wir unsere Eltern dazu bringen
wollten, mehr zu quatschen, damit wir länger spielen
konnten?
Oder wie wir beschlossen, bis Mitternacht aufzubleiben,
es aber nie geschafft haben?
Irgendwann war alles vorbei. Irgendwann zwischen
damals und jetzt sind wir erwachsen und zu anderen
Menschen geworden.
Doch immer wieder denke ich gerne an unsere
gemeinsame Kindheit zurück und jage mit den kleinen
Mädchen meiner Erinnerung den Verbrechern bis zum
hintersten Ende des Spielplatzes nach.

FEUER DES LEBENS

Arjîn Isik

feuer des lebens

in meinem namen flackert ein feuer.
manchmal lodert es hell und heiß,
manchmal glimmt es still vor sich hin.

in meinem namen trage ich das weitergegebene.,
das starke und unbändige erbe aller furchtlosen
mütter und töchter, die vor mir kamen.
die den weg für mich erkämpft haben,
mit ihren wettergegerbten gesichtern
und lauten stimmen und bitteren lebensgeschichten.

sie brennen so lebendig in mir.
ich hoffe, ich bin ihnen würdig.

YOU

Ayleen Hammer

Sometimes
I still think about you –
whenever I go somewhere
whenever I do something
that reminds me
of you

My body,
my mind
and my soul
just can't stop thinking about you

Because it was always you –
you in the past,
you in the present
and it should have been you
in my future

I wanted the 'you and me,
the love story –
so, it could be us in the end,
which was supposed to be
a 'happily ever after'
in the end.

Because you have always been there
we could talk,
we could laugh
and even then
all I could do
was thinking about you

it was you,
who I first came out to

it was you,
who understood

it was you,
who encouraged me
to be brave
not to hide
and to finally love myself

it was you,
who I could call
in the middle of the night

it was you,
who I could talk to
about all my problems

it was you,
who was my first crush,
my first gay love

it took a while to understand
what my feelings really meant
that there was more in my heart
than just the feeling of being friends

I gave you signals,
started slowly,
gave you more and more to know –
until I made it clear

I remember you asking, "Is that a joke?"
and I remember me saying: "No, I would never lie to
you"

then everything got quiet
and my body,
my mind
and my soul
still thought about you,
but there was nobody left
to keep thinking about –
nobody to talk to
and nobody to laugh with

I never heard from you again
you disappeared from my life –
like a feather in the wind,
like a shadow in the daylight,
like the moon during sunrise

you ignored me
for being honest to you
and deep in my chest
it still hurts

but everything shall be alright again,
and someday I hope
it will be okay –
okay for me
because the pain never vanishes

all I can do
is ignoring my pain
like you ignored me –
so, I must have been your pain

I wish you the best,
all the luck of the world
and the fortune
to never meet me again

because I'm happy now
and I don't need you anymore

sometimes I still think about you;
and what has happened
and what has become
out of
you

KREISLAUF DER ZEIT

Georgie Ch. Sword

Weiß wie frischer Schnee,
Grün wie wachsendes Gras,
Rot wie reife Äpfel,
Orange wie fallendes Laub.

Eiseskälte durchzieht das Land,
Bis der Nebel wie von Zauberhand
Von den ersten Sonnenstrahlen wird durchbrochen
Und die Schneeschicht vom ersten Grün durchstochen.

Weiß wie frischer Schnee,
Grün wie wachsendes Gras,
Rot wie reife Äpfel,
Orange wie fallendes Laub.

Der Frühling begrüßt mit Wärme das Leben,
Hilft der Natur sich zu erheben,
Um kraftvoll den Kreislauf fortzusetzen,
Lässt zwitschernd die Vögel in den Bäumen schwätzen.

Weiß wie frischer Schnee,
Grün wie wachsendes Gras,
Rot wie reife Äpfel,
Orange wie fallendes Laub.

Bis der Sommer übernimmt und hemmungslos brennt,
das Leben überall blüht für den Moment.
Überall reifen gesäte Früchte,
befriedigen lang ersehnte Süchte.

Weiß wie frischer Schnee,
Grün wie wachsendes Gras,
Rot wie reife Äpfel,
Orange wie fallendes Laub.

Irgendwann wird es wieder kühler,
die Welt wird mit einem Schlage müder,
der Herbst hält sie nun in seiner Hand,
färbt bunt mit Blättern das ganze Land.

Weiß wie frischer Schnee,
Grün wie wachsendes Gras,
Rot wie reife Äpfel,
Orange wie fallendes Laub.

TRÄNEN

Laura Kister

Tränen
sie fließen
über meine Wangen
tropfen auf den Boden
vermischen sich mit dem Blut
bis sie leise versiegen
der Schmerz nachlässt
meine Seele
entschwebt

ALLEINSEIN

Svenja Tiefenthaler

Jeder von uns hatte bestimmt schon einmal das
unbeschreibliche Gefühl von Alleinsein.
Jeder anders als der andere,
jeder anderswo.

Alleinsein im Wald,
den verträumten Blick nach oben gewandt,
Äste, die mit dem Wind schwingen,
Blätter rauschen, knistern, zischen, knacken;
unter den Füßen das Knirschen des Waldbodens;
nasse Erde,
aufgeweicht durch den unerbittlichen Regen des
Vortages,
in die man hinein versinkt.
Die neugierigen Hände,
die an der rauen Baumrinde
mit den Fingerspitzen entlangfahren,
fühlen,
Wärme, Kälte, Unebenheit.
Einatmen.
Selbst den Wind,
in den verstrubbelten Haaren, auf dem kalten Gesicht
spüren.
Ausatmen.
Lächeln.
Alleinsein im Wald ist anders.

Anders als Alleinsein am Meer.
Das Rauschen der hohen Wellen, wie sie an die steilen

Klippen krachen,
tosender Beifall für die aufkommende Stille,
raue See, tobend, stürmend.
Einatmen.
Das Salz schmecken,
die Kapuze noch etwas tiefer ins Gesicht.
Sich spüren –
Darauf kommt es beim Alleinsein an.
Die Nähe des bröckelnden Klippenrandes suchen,
die Nerven kitzeln.
Ausatmen.
Es geht nicht ums Springen.
Es geht ums Sich-Lebendig-Fühlen.
Alleinsein am Meer,
die trockenen Füße nackt, den Sand zwischen den
Zehen spüren,
das kalte Wasser nähert sich,
zieht sich
wieder zurück.
Fußspuren im Sand, die das Wasser mit sich nimmt,
neue entstehen
und vergehen
wieder.
Am Strand,
den Blick dem Horizont zugewandt,
schaust du
der Sonne beim Untergehen zu,
orange, rot, das Blau des Himmels,
das verschwimmt mit dem rauschenden Wasser des
Ozeans.
Alleinsein am Meer hat viele Gesichter,
aber immer zeigt es dir Vergänglichkeit.

Alleinsein muss man lernen,
ob bewusst hineingeschoben werden,
stolpern oder sich fallen lassen.

Alleinsein bedeutet Stille,
Stille aushalten.
Nicht die Stille im leeren Raum, um dich herum,
sondern die flüsternde Stille in dir.
Alleinsein ist nichts Schlimmes,
auch wenn es sich manchmal anfühlt wie langsam zu
sterben,
wie dahinzusiechen in einer lauten Welt,
schreien, aber niemand hört dich.
Schreien, aber es kommt kein Ton.
Die unbändige Stille in dir will gehört werden,
dafür musst du sie aushalten,
das Alleinsein aushalten.
Denn: Was wir allzu oft verwechseln, ist, Alleinsein
mit Einsamsein.

Du bist niemals allein, außer du begibst dich bewusst an
diese Orte,
an denen du allein sein kannst:
Ohne Menschen oder Alltagsdruck,
ohne Lärm und Frust,
ohne Angst haben zu müssen, jemandes Bedingungen zu
erfüllen.
Dann kannst du deinen ruhelosen Gedanken Gehör
verschaffen,
indem du ihnen Raum gibst.

Alleinsein
wünsche ich jedem,
der das unstillbare Bedürfnis hat,
ganz mit sich zu sein.

Aber Alleinsein ist nicht Einsamsein.

Den Unterschied lernt man meist schmerzhaft,
meist ungewollt,

meist über Dauer,
meist offenbart sich dieser beim Alleinsein.
Denn einsam
kann man auch in der Menschenmenge eines Konzerts
sein,
bei der Familie, mit Freunden,
mit dir.

Alleinsein mit dir.
Mit dir
konnte ich unendlich allein sein,
versunken in deine Augen konnte ich deine
zerbrechliche Stille sehen;
doch irgendwann war es mehr als das Alleinsein mit dir,
irgendwann schlich sich das Gefühl von Einsamsein bei
dir,
von Ungesehen-/ Ungehört sein ein,
irgendwann war Alleinsein
unerträglich.
Ich musste raus, musste unter Menschen,
weil ich dachte: dann wird es besser,
dann geht es weg und ich komme wieder,
aber bei dir ist es wie immer.
Doch es war eben nicht das brennende Gefühl von allein
zu sein,
sondern das Gefühl von einsam sein mit dir,
bei dir.

Gegen das Alleinsein kann man etwas tun.
Aber die Stille, die Einsamkeit – die, die so unglaublich
schmerzt,
die einen trifft mitten ins Herz,
die, die einen nachts nicht schlafen lässt,
wach liegen lässt
neben dir
und mit mir
Gedankenkarussell fährt.

Die, die mir einredet, ich bin nicht wertvoll,
nicht liebenswert, nicht genug.
Diese Stille und diese Einsamkeit kann man nur durch
Alleinsein besiegen,
man kann sie nicht verdrängen,
denn dann kommt sie immer wieder,
sie ist wie ein Kratzer auf deiner Lieblingsschallplatte,
wie der Bandsalat des Mixtapes immer an der gleichen
Stelle,
sie ist wie die Narben auf deiner Haut,
sie ist ein Teil von dir.

Es liegt an dir,
ob du der Einsamkeit Herr wirst:
Lass sie sein – für einen Moment, gib' ihr
Daseinsberechtigung,
lass sie frei
und du wirst sehen,
du wirst daran wachsen.

Alleinsein ist nichts Schlimmes,
ob alleine im Wald,
alleine am Meer,
alleine mit dir.
Es ist bedeutsam,
es ist das Wasser, das du brauchst,
um deine volle Blüte zu entfalten,
um du zu werden,
deine Flügel weit zu spannen, der Stille entgegen.

SCHÖNHEIT DER MONDE

Julia Abel

Im Sand gestrandet,
Auf kaltem Stein gelandet.

Weite Ferne,
Keine Sterne.

Schwarze Dunkelheit,
Vom Elend befreit.

Im Unendlichen,
Doch Befremdlichen

Sehe ich den Glanz,
Im galaktischen Tanz.

Kalter Grund,
Monde im Bund.

Formen ein Bild,
Zum Schutze ein Schild.

Große Schönheit,
Zum Wandel bereit.

Voller Macht
Und Pracht

Sind sie die Stärke
In der Ferne.

STILLE

Amanda Becker

treffen
lautes Lachen
tanzen im Regen
zusammen

warte
es bleibt stumm
leide in der Stille
niemand da

allein

BITTE

Amanda Becker

bitte
bitte mach
bitte mach das
bitte mach das doch
bitte mach das doch kurz
bitte mach das doch kurz für mich
bitte, warum machst du das nicht kurz für mich
warum machst du das nicht kurz für mich
warum machst du das nicht kurz
warum machst du das nicht
warum machst du das
warum du
warum

SCHMERZ

Laura Kister

Ich höre das Klirren, als mein fragiles Herz zerbricht
Ich spüre die scharfen Kanten der Scherben, die sich tief
in meine Seele graben
Ich sehe nichts mehr, meine Tränen verschleiern mir die
Sicht
Ich bekomme keine Luft, meine Lungen wie zugeschnürt
Mein Herz so schwer, dass es sich selbst zerquetscht
Mein zitternder Körper unfähig, sich zu bewegen
Ein stummer Schrei aus meiner Kehle, der in dem
Moment hörbar wird, als die Wucht des Schmerzes mich
vollends erfasst
Mein Kopf so leer gefegt
Nur der Schmerz in jeder Faser meines Körpers, meines
Herzens, meiner Seele
Ein alles verzehrender Schmerz
Scherben und Splitter eines gebrochenen Herzens, die
sich in jeden Millimeter meiner Seele graben
Zu tief, als dass diese Wunden je wieder verheilen könnten
Nichts anderes ist mehr übrig
Nur der Schmerz
Der mich langsam und qualvoll tötet

LIFE FLOWS LIKE THE SEA

L.A. Pichler

It's like you're born in the middle of it.
No idea what else there is, just learning how to navigate.
Then you grow and you start to explore.
Most of the times alone but you know, in the back of
your mind,
there's a lot who are just like you.

Actually, only very few ever reach the shore.
One of the islands they made out to be their big goal.
Some of them dive back in, head-first.
Again daring to let themselves be guided.
By water, by life.

And they know that it's tough, sometimes.
When there's a thunderstorm in the sky and the waves
try to drown you.
But they don't give up, even with tired arms and salt-
water in their lungs.
For that, the sea rewards them with sunsets.
Moments to remember.
When staying afloat doesn't even feel like work.

You're getting carried closer to the shore.
Almost enough so your toes reach the beach,
as you spot another island in the distance
and your heart longs for it.

The hardest part is that you know you can't be at both
places at the same time.
So you have to choose.
But don't worry.
You can always jump back into the sea.

Keep exploring until you're ready to let it pull you
down.
Drowning you in the process of placing you in its heart.
Like a sunken treasure.

MORGEN-GRAUEN

Julian Mitesch

Logik hat ihre Zeit, es ist nur nicht diese.
Jetzt ist nicht der Moment der Vernunft.
Heute Nacht schwebt ein Schleier von Mut auf den
Wiesen.
Die Zukunft liegt lauernd im Dunst.

Wir müssen sie greifen, uns ihr ohne Sorgen
Nähern, ihr Duft macht uns schwach.
Ja, heute gilt alles dem Fallen. Und morgen
Erst denken wir dann wieder nach.

Und tritt an uns zaghaft der Morgen heran
– die Nacht, sie wird blass an den Rändern –
Dann dämmert mir, wenn man nur warten kann,
Dann muss man sein Leben ändern.

ICH BIN ICH

Karolina Stauber

Ich war ich

für mich allein.
Dann kamst du und nahmst mich ein.

Vom Parfum, bis zu meinen Freunden,
alles an mir sollte dir gefallen.
Plötzlich war ich dies für dich allein.

Von meinen Gedanken bis zu meinem Tun.
Schon bald schien allen klar:
Da war nie ein Ich, wenn da nicht auch ein Du war.

Denn ohne dich
bin ich nicht ich.

Oder so dachte ich.
Bis da wieder
war nur ich.

FORT

Amanda Becker

quälender Kampf
zwanghaft
gnadenlos
stundenlange Qual

augenblicklich Ruhe
leise
mutig
letztes Atmen

schmerzhafte Last
erlöst
befreit
ins Licht

du fehlst

SCHÖNHEIT LIEGT IM AUGE DES BETRACHTERS

Karolina Stauber

Schönheit liegt im Auge des Betrachters und dennoch
sind wir selbst unsere größten Kritiker.
Manipuliert von retuschierten Gesichtern und Fotos mit
Filtern bewerten wir uns selbst stetig aufs Neue.
Schrauben die Ansprüche und Erwartungen über das
eigene Aussehen nach oben und versinken in Frust
darüber, dass wir versagen, ihnen gerecht zu werden.
Doch wahre Schönheit ist überall.
In Gesichtern, verziert mit Pickeln, Sommersprossen,
Narben.
In Körpern mit breiten Kurven, oder zierlichen Staturen.
In Haaren, egal ob lockig oder glatt.
In jeder Hautfarbe.
Schönheit ist so allumfassend, dass wir sie meist nicht
mal erkennen, wenn sie uns aus dem Spiegel
entgegenlächelt.

EIN LEBEN MIT DIR

Mia-Sophie Matzke

Eigentlich hasste ich sie, die Mitwintertage. Das endlose Grau, nach dem das weihnachtliche Lichtermeer verschwunden war. Die freudlosen Menschen und das belanglose Arbeiten. Doch als unsere Blicke sich das erste Mal kreuzten, änderte sich das schlagartig.

In den darauffolgenden Frühsommernächten kamen wir uns das erste Mal näher. Trafen uns am See und sahen uns gemeinsam beeindruckende Sonnenuntergänge an. Die Grillen zirpten und auch in mich schienen sich die Tiere verirrt zu haben, denn mein Bauch kribbelte gewaltig.

Kuschelige Kaminfeuerabende verbrachten wir im Winter und als du vor mir auf die Knie gingst, wurde der Januar zu meinem neuen Lieblingsmonat.

Sommerregentänze veranstalteten wir im Juni auf unserer Hochzeit. Blumen im Haar und Lichterketten in den Bäumen ließen mich für unsere gemeinsame Zukunft hoffen.

Der Dezember kam und ich konnte es kaum glauben, als es doch tatsächlich einmal schneite. Ein großer Spaziergang bescherte uns gefrorene Nasen und zauberhafte Winterwaldträume.

Nun stehen wir am anderen Ende der Welt. Das Polarlichtfunkeln über uns und der knirschende Schnee unter uns. Ich halte dich ganz fest und weiß, dass ich mein Glück gefunden habe. Dass ein einziger Tag, eine Zufälligkeit, zu meinem Leben mit dir geführt hat.

TANZ IN DEN MAI

Annika Steinke

Stolz geschmückt steht schon der Maibaum
Im farbenfrohen Glanze
Die Welt erfüllt von Frühlingsdüften

So manch Verliebten verspricht er einen Traum
Lädt die Lieben heut' zum Tanze
Die Bänder schwingen in den Lüften

Und setzt du deinem Schatz ein Bäumchen noch zum
Schluss
Hast du die Chance, ich wünsch' es dir, auf einen süßen
Kuss.

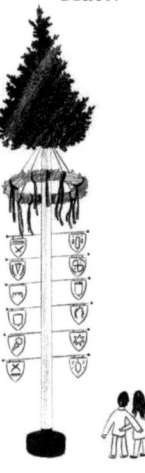

WOHER ICH KAM

Katja Cramer- Brandt

Als meine Seele frei noch flog
in unendlichen Sphären,
spürte sie plötzlich einen Sog,
der sie in meinen Körper zog.
Warum? Nicht zu erklären.

Sie hat sich dort nicht wohl gefühlt.
Es war ihr unbehaglich.
Hätt' sich gern herausgewühlt
oder mit Pipi ausgespült,
und doch war sie vertraglich

an einen Langzeitmietvertrag
auf Lebenszeit gebunden.
Wer unterschrieben haben mag,
ob Mensch, ob Gott, ob Schopfmakak,
hat man nie rausgefunden.

WANDERNDES HERZ

Karolina Stauber

Alles an mir hat einen festen Platz,
von den Lungen bis zu den Fingerspitzen.

Doch mein Herz? Das wandert,
vom Bett, zum PC, zum Volleyball und zur Arbeit.

Immer unterwegs,
niemals still.

Jetzt liegst du neben mir,
dein gleichmäßiger Atem das schönste Geräusch der
Welt.

Doch mein Herz? Das flattert,
vor Aufregung, vor Glück, vor Freude und vor Liebe.

Immer lebendig,
niemals still.

Alles an mir hat einen festen Platz,
von der Leber bis zu den Zehen.

Doch mein Herz? Das lebt,
in dir.

SEH ICH DICH

Elci J. Sagittarius

Augen.
Augen sind laut.
Die Stimme in seinen Augen ist tiefer
als seine eigentliche Stimme.
Seine Augen könnten jemanden,
der so verletzlich ist wie ich, dazu bringen,
sich in ihn zu verlieben.
In der Reflexion seiner Augen
sehe ich irgendwie hübscher aus.
Ich liebe es, wie sie mir einen Seitenblick zuwerfen,
wenn ich etwas Dummes sage.
Ich liebe die Wärme, die ich spüre,
wenn er mich einfach nur anschaut und nichts tut.
Ich liebe es, wie mein Herz schneller schlägt,
wenn unsere Augen aufeinandertreffen.
Seine Augen erinnern mich an Sonnenschein.

TRACES

Arjîn Isik

one casual touch of shoulders on a crowded street,
a quick smile and a kind word to greet.
sometimes life fades like a foggy veil,
in the blur of it all, we live and we pale.

and then there are some of us,
who try to light a path through the fog.
with every stroke of their brushes on a canvas,
with every written word on a blank paper,
with every sound that comes out of their throat,
and everything they try to leave in this world.

don't worry.
i won't forget you.

ATMEN

LZD

Es ist ein Senken und Heben
Rhythmisch beruhigend streift es meinen Blick
ein ums andere Mal
Du atmest und verzückt schaue ich dir dabei zu
Dein Bauch
Er ist so schön warm und weich
Ich streichle drüber
Lasse meine Finger wandern
auf deinem atmenden Körper
Klopfend erinnert mich dein Herz, dass wir Zeit haben
Zufall, dass wir zur selben Zeit am selben Ort atmen
Dieselbe Luft teilen
Einen Kuss teilen
Du bist so sanft und selten
So beschützt fühle ich mich
Wenn wir zusammen atmen

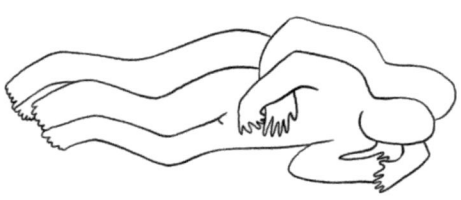

MEIN LICHT

Thomas Neske

Als du das Licht der Welt erblicktest
Durchströmte mich unendliche Freude
Dieses Gefühl umfängt mich Tag für Tag

Du zeigst mir die Welt, auf deine Weise
Das ist was ich mag

Auch wenn nicht alles perfekt ist,
Wirft uns das nicht um
Wir gehen unseren Weg
Und wer sich uns entgegenstellt
Den hau'n wir einfach um

Bleib wie du bist
Behalte dir dein liebevolles Herz
Deinen offenen Geist
Die Freude am Leben
Deinen Humor, bei jedem Scherz

Deinen Blick für Freunde
Die gut zu dir sind
Die Familie, Bekannte,
Die verweht auch kein Wind

Die Zukunft gehört dir
Und ich hoffe sehr
Du findest Deinen Weg
Und dieser Weg führt dich
Auch ab und an zu mir

HOFFNUNG, UNGEWISSHEIT – LIEBE?

Christoph Engels

Am Anfang müssen wir ertragen.
Uns fragen,
ob wir sie teilen.
Die Sehnsucht heilen?
Nicht stillen!
Aber sicher sein
und in Gewissheit, nicht allein
zu hoffen.
Erst wenn die Ungewissheit zwingen kann. Dann!
Geben wir uns zu und hin,
der Hoffnung auch Liebe zu erhalten.

KEIN NEIN

Christoph Engels

Ein festes Nein
und kein Vielleicht.
Es wird nicht sein,
hat nicht gereicht.
Kein einzig Nein,
das sich erweicht,
zum Hoffnungsschein.

Kein Nein verbleicht!

HOFFNUNG

Nadine Koch

Es ist ein Funken in der Dunkelheit.
Ein Leuchten, das den Raum erhellt.
Es ist ein Glitzern in der Nacht.
Ein Flimmern am Tag.
Allgegenwärtig.
Und immer da.
Hoffnung.

DANKSAGUNG

So schnell kann es gehen. Jetzt ist das Büchlein schon wieder vorbei. Wir hoffen, dich hier und da nachdenklich gestimmt, inspiriert und berührt zu haben.

Danke an jede helfende Hand, die uns bei diesem einzigartigen Projekt unterstützt hat. Ohne euch könnte dieses einzigartige Werk jetzt nicht vor uns liegen. Danke an L.A. Pichler und A.S. Schoepf, die diese Aktion ins Leben gerufen haben. Danke an Elci J. Sagittarus für dieses traumhafte Cover. Danke Natalie Gille, Lena Zoe Dernai und Svenja Tiefenthaler, die »Zimt und Poesie« auch von innen durch den Buchsatz und die Grafiken auf so einzigartige Weise gestaltet haben. Ein ganz besonders großes Dankeschön geht an unsere Korrektorin Birgit, die kurzfristig den gesamten Poesieband ganz auf sich gestellt korrigiert hat. Danke für das Herzblut, das jeder Autor und jede Autorin in dieses Projekt gesteckt hat. Danke für das Schreiben dieser wundervollen Gedichte und Texte; für die kleinen Überraschungen, die „Zimt und Poesie" einfach perfekt machen.

Zu guter Letzt bedanken wir uns natürlich auch noch bei dir. Danke, dass du unsere Gedanken durch Höhen und Tiefen begleitet hast. Danke, dass du unser Projekt unterstützt. Danke, dass du auch anderen in dieser Zeit ein Lächeln schenkst.

Deine Cinnamon Society

Unser 1. Vereinstreffen im März 2023

ÜBER DIE
CINNAMON SOCIETY

 Die Cinnamon Society ist ein ehrenamtlicher Verein, der von A.S. Schoepf und L.A. Pichler 2021 ins Leben gerufen wurde. Sie wächst mit jedem Projekt, sodass sie derzeit aus über 60 Mitgliedern besteht. Dieses Mal durften die Autorinnen und Autoren der sozialen Schreibgruppe ihren dritten Poesieband »Zimt und Poesie – Gedankenmalerei« veröffentlichen.

Vor *»Zimt und Poesie – Gedankenmalerei«* sind die Kurzgeschichtensammlungen *»Lichtfunken und Schattenmärchen«*, *»Winterwaldträume«*, *»Sommerregentänze«*, *»Kaminfeuerabende«*, *»Frühsommernächte«* und *»Mittwintertage«* sowie die beiden Poesiebände *»Zimt und Poesie – Mitternachtsgedanken«* und *»Zimt und Poesie – Sternschnuppenstunden«* entstanden. Zusammen möchten sie auch in Zukunft mit ihren Büchern für den guten Zweck Menschen, Tieren und der Umwelt helfen. Schon jetzt sammeln sie fleißig Ideen für neue Projekte, die bald in Angriff genommen werden.

Folge der Cinnamon Society gerne auf Instagram, um nichts zu verpassen und abonniere den Newsletter, um zu den Ersten zu gehören, die von neuen Projekten, Reveals und Nachrichten erfahren.

Hier erfährst
Du mehr

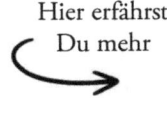

ÜBER DIE GRÜNDERINNEN

ÜBER A.S. SCHOEPF

© Foto: Oliver Staack

A.S. Schoepf lebt und schreibt in München. Seit einigen Jahren widmet sie einen großen Teil ihres Lebens den Büchern. Was anfangs reines Lesefieber war, ging schnell in das Schreiben eigener Texte über. Dabei tummelt sie sich hauptsächlich im Romance Bereich. Ein Genre, das aus ihrem Leben einfach nicht mehr wegzudenken ist.

Mit der Gründung der Cinnamon Society, einer ehrenamtlichen Schreibgruppe, wurden zwei ihrer Texte 2021 erstmals veröffentlicht. Seitdem widmet sie sich sowohl ihren eigenen Romanen als auch weiteren ehrenamtlichen Veröffentlichungen und ihrer Ausbildung zur Schauspielerin.

Hier erfährst
Du mehr

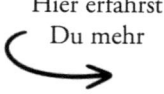

ÜBER L.A. PICHLER

L.A. Pichler (2004 in Oberösterreich geboren, lebt seit 2023 in Luzern, Schweiz) ist Autorin und Geschichtenerzählerin mit einer Leidenschaft für Fantasy und darüber hinaus. Bereits in jungen Jahren entdeckte sie ihre Liebe zu Geschichten und hat diese seither auf unterschiedlichste Weise zum Ausdruck gebracht – sei es durch Literatur, Drehbücher oder visuelle Medien.

Mit ihrer Fähigkeit, unterschiedliche Medien zu verbinden, versteht sich L.A. Pichler als vielseitige Erzählerin, die es liebt, Lesende und Zuschauende gleichermaßen in ihre Welten zu entführen.

Neben ihrer Arbeit an Kurzgeschichten – in denen sie Genres wie Komödie und Drama erkundet – liegt ihr Fokus derzeit auf ihrem ersten Romanprojekt (*Orden der Blutjäger*, Arbeitstitel).

Wenn sie nicht gerade für die @cinnamon_society auf Instagram unterwegs ist, postet sie auch auf ihrem eigenen Profil @l.a.pichler Content rund ums Schreiben.

Hier erfährst
Du mehr

DU KANNST NICHT GENUG BEKOMMEN?

Dann folge gerne dem »Buchstäblich Zimtig«-Podcast, der von Lara, Anja und Jo gehostet wird. Jeden zweiten Freitag sprechen sie dort über ein Thema rund ums Lesen und Schreiben.

Hier erfährst
Du mehr

PROJEKTE

Spendenziel:
Krebshilfe Wien (AT)

Spendenziel:
Frauenhaus Regensburg (DE)

Spendenziel:
Zürcher Tierschutz (CH)

Spendenziel:
Stiftung Denk an Mich (CH)

Spendenziel:
Flachgauer Tafel (AT)

Spendenziel:
Kinderheim 360 in Runkel (DE)

Spendenziel:
Ostschweizer Kinderspital (CH)

Spendenziel:
Flachgauer Tafel (AT)

Spendenziel:
Bus Vierjahreszeiten e. V. Halle (Saale) (DE)

Alle Bücher sind überall online und im Buchhandel erhältlich.